Christian Daniel Beck, Oliver Goldsmith

Geschichte der Griechen Nebst einem kurzen Abriß der Geschichte Griechenlands von dieser Periode an, bis auf die Eroberung Constantinopels durch die Othmanen

Christian Daniel Beck, Oliver Goldsmith

Geschichte der Griechen Nebst einem kurzen Abriß der Geschichte Griechenlands von dieser Periode an, bis auf die Eroberung Constantinopels durch die Othmanen

ISBN/EAN: 9783743306516

Hergestellt in Europa, USA, Kanada, Australien, Japan

Cover: Foto ©ninafisch / pixelio.de

Manufactured and distributed by brebook publishing software (www.brebook.com)

Christian Daniel Beck, Oliver Goldsmith

Geschichte der Griechen Nebst einem kurzen Abriß der Geschichte Griechenlands von dieser Periode an, bis auf die Eroberung Constantinopels durch die Othmanen

und waren vornemlich aus Chalcis in Euböa ausgeführt
worden, bey ihnen verwalteten Magiſtratsperſonen, die
man aus den vornehmen und reichen Familien wählte,
den Staat. Auch andere griech. Völker hatten an die-
ſen Kolonien einigen Antheil genommen *). 7. Sicilien **), das Italien gegen Abend lag, hatte nahe an
der Meerenge das Vorgebirge **Pelorum** (itzt Faro di
Meſſina), an der Morgenſeite gegen Griechenland zu
das Vorgeb. **Pachynum** (Capo di Paſſaro) und an
der Abendſeite gegen Africa zu das Vorgeb. Lilybaeum
(Capo di Boeo), an der Morgenſeite liegt der Aetna
(Gibello), an der Abendſeite der **Eryx** (Monte di
Trapani oder Monte di St. Giuliano.) Nahe am Vorgebirge Pelorum war **Meſſana** (ehemahls Zancle,
und zwar von Euböern aus Cume angelegt, Heyn.l.l.
p. 269. dann von Meſſeniern, die den Peloponnes
hatten verlaſſen müſſen, bevölkert, Ol. 29, 1. v. Chr.
664.) itzt Meſſina; unterhalb Meſſana lag **Tauro-
menium** (itzt Taormina) auch eine urſprünglich Chal-
cidiſche Colonie; dann **Naxos,** auch eine Colonie der
Chalcidenſer aus Euböa Ol. 11, 1. (Heyne p. 8.
157. 266). **Catana** (Catania) kurz nach Olymp.
13, 1. von Chalcidenſern angelegt; um eben dieſe Zeit
iſt von ihnen auch **Leontini** (itzt Lentini) geſtiftet
worden; unweit davon ſtifteten die **Megarenſer** (um
Ol. 11.) in dem alten **Hybla** eine Pflanzſtadt, die auch
Megara hieß, um ſie von zwey andern Städten je-
nes Namens in Sicilien zu unterſcheiden.

Die Hauptſtadt Siciliens und vornehmſte griech.
Kolonie war **Syracuſa,** von Korinthiern unter An-

*) Heyne Proluſſ. XV. de civitatum Graecarum per
Magnam Graeciam et Sic. inſtitutis, in Opuſc. Acad.
Vol. IIdo, vorzüglich Prooem. p. 5.fs.
**) S. außer Dorvillii Siculis und andern neuern
Reiſebeſchreibern, wie Swinburne, vornemlich die beyden
neueſten D. Friedr. Münters Nachrichten von Neapel
und Sicilien, aus dem Dän. überſetzt, Kopenh. 179. 8.
und D. Bartels Briefe über Kalabrien und Sicilien, zwei-
ter, dritter Theil, Gött. 1791. 8.

führung des Archias angelegt Olymp. 11, 2. (ist Si-
ragosa) *). Sie entstand aus fünf verschiedenen Flek-
ken oder Theilen: Acradina gegen Morgen zu, Tyche
gegen Westen, Epipolá (oder Epipolis) gegen Nord-
west, mit einem festen Schloß Labdalon, Neapolis,
und Nasos, oder die Insel Ortygia in dem Meerbusen (ist macht die Insel das heutige Syracus aus) **).
Olympium war eine Art von Vorstadt. Auf der
Südseite der Insel (wo das südl. Vorgeb. Pachynum) lag Camarina, nicht weit vom heutigen Vis-
cari, (von Syracusanern mehrmals erbauet, Ol. 45, 1.
und um Ol. 72, 3. Heyn. p. 259. 8.), dann Neetum
(Val di Noto); weiter hin Helorum; dann Gela
(wo ist Terra nuova) von Rhodiern Ol. 22, 3. v. Chr.
690 gestiftet (Heyn. S. 260) und die Colonie der
Gelaner Agrigentum (Girgenti) ***), Ol. 49. 3.
582. v. Chr., welches nachher selbst seine Mutterstadt,
Gela, vernichtet hat. Unweit Terra di pulci lag Selinus (Selinonte) von den Einwohnern von Hybla
gestiftet; dann folgt das Val di Mazara; an der westlichen Küste der Insel lag Lilybäum (Marsalla), und
in ihrer Nähe Drepanum (Trapani), Eryx (Trapani
del Monte), Segesta; dann folgten Panormus †)
(Palermo), auf der mitternächtlichen Seite Himera,
eine Kolonie von Messina, und Enna (Castro Giovanni)
außer mehrern kleinern Plätzen.

Nicht weniger verbreitet waren 8. die griechischen
Kolonien im untern Italien, welches daher den Namen von Großgriechenland ††) erhielt. Im Lande

*) Heyn. p. 256 ff.
**) Und auch dieser dürfte in Zukunft ein Raub der
Wellen werden. Bartels Reise 25. Br. 3. Th. Münter
S. 323 ff.
***) Bartels III. 365 ff.
†) Es ist zweifelhaft, ob dies eine griech. Colonie ge-
wesen ist. Bartels III. 525 ff.
††) Die Gränzen davon sind nicht genau bestimmt
worden, zumal da die Römer andere Eintheilungen
kannten.

II. Th. D

der Bruttier an der Meerenge lag Rhegium (Reg-
gio) von den Chalcidensern in der 28. Ol. ums J. 668
v. Chr. angelegt (Heyn. l. l. 158. 270 ff.); Hippo
(nachher Vibo Valentia, ißt Bivona) war von Locrern
gestiftet; Locri selbst, am Vorgeb. Zephyrium (Locri
Epizephyrii, Motta di Burzano) war eine Colonie der
Opuntischen Locrer (Ol. 24, 4.) durch ihren angeblichen
Gesetzgeber Zaleucus berühmt (Heyn. p. 43. ff.)
Scylletium oder Scyllacium (Squillace) wurde
für eine sehr alte Kolonie der Athenienser gehalten;
Croton aber von den Achäern Ol. 17. angelegt, und
durch die Pythagorische Schule berühmt. Terina
(im Lande der Bruttier) und Caulonia waren Colonien von Croton. In Lucanien war Metapon-
tum eine der ältesten griech. Pflanzstädte, die von Py-
liern und nachher von Achäern soll bevölkert werden
seyn; eine der merkwürdigsten war Sybaris von
Achäern Ol. 15, 1. (720. v. Chr.) gestiftet, zerstört
Ol. 67, 2. wiederhergestellt Ol. 81, 4. (Heyn. p. 128 ff.)
In spätern Zeiten wurden die Sybariten nach Thurii
versetzt, welches eine Kolonie der Athenienser (Ol. 83,
3. 446. v. Chr.) war, berühmt durch Charondas,
welcher hier Gesetze gegeben haben soll (Heyn. 139. fs.)
Pflanzstädte der Sybariten waren Posidonia (nachher Päftum genannt), Laus und Scidrus, weniger berühmte Städte. Elea oder Velia, der Sitz der
Eleatischen Schule, war von Phocäern um die 61. Ol.
zuerst bevölkert worden; nachher haben auch Thurier
Kolonisten dahin geschickt; Pyxus oder Buxentum
war eine Kolonie der Messenier in Sicilien. In Calabrien
war Brundusium (Brindisi) schon in frühern Zeiten
nebst einigen kleinern Orten im Lande der Japyger, Hy-
druntum (Otranto) und Salentia, von Cretensern
angelegt worden; Tarentum aber, das die Lacedämonier Ol. 18, 2. (707 v. Chr.) stifteten, wurde die
reichste Handelsstadt. Eine Kolonie von Tarentinern
und Thuriern war Heraclea in Lucanien (ehemals
Siris, Heyn. p. 235 ff.) Ol. 86, 4. In Apulien

follen bald nach dem Trojanischen Kriege von Argivern die Pflanzstädte Argos Hippium oder Arpi, und Canusium (oder Canofa) angelegt worden seyn.

In dem Lande der Samniter foll Beneventum eine alte argivische Colonie gewesen seyn. In Campanien waren drey alte griechische Pflanzstädte; Cumä, schon im 11. Jahrh. vor Chr. Geb. von Euböern gestiftet (Heyne p. 267 ff.), Neapolis (wohin Einwohner aus Cumä kamen, von den Cumonern nachher zerstört und wieder bevölkert), Herculanum nebst Pompeji (itzt in der Nähe Portici, Resina, und Civita); Puteoli (ehemals Dicäarchia, itzt Pozzuolo) foll von Samiern in der 63. Olymp. gestiftet worden seyn. Nola wird als eine Colonie der Chalcidier angeführt. Diese Kolonien wurden durch Handlung, Fruchtbarkeit und Volksmenge bald sehr blühend.

Auch auf den Inseln in den itallen. Gewässern hätten sich griech. Pflanzvölker niedergelassen, wie zu Lipara (Lipari) Cnidier, in Cyrnus (Corsica) Phocäer. Eben diese Phocäer hatten sich nachher an die Küste von Gallien begeben, und Massilia (Marseille) wo nicht zuerst angelegt, doch bevölkert und zu einer blühenden jonischen Colonie gemacht, der westlichsten unter allen. Aus ihr wurden nicht nur wichtige Entdekkungsreisen unternommen, sondern auch auf den ligurischen, spanischen und gallischen Küsten mehrere neue Pflanzungen gestiftet, deren Zeitalter und Beschaffenheit aber eben so wenig bekannt geworden ist, als manche andere Colonie der Griechen in nähern und entferntern Gegenden. Die Regierungsform ihrer Vaterstädte wurde meistens beybehalten.

Mit Griechenland standen noch manche nähere oder fernere Länder in Verbindung, deren topographische Kenntniß zur Erläuterung der griech. Geschichte brauchbar ist.

Macedonien, das in den blühendsten Zeiten vom Aegäischen Meer bis an das Adriatische gieng, gränzte ostwärts an Thracien, von welchem Lande es der Fluß

Neſſus ſchied *). Am Aegäiſchen Meere waren die
vier Meerbuſen bekannt, der Strymoniſche (Golfo
di Conteſſa), der Singitiſche (G. di monte ſanto),
der Toronäiſche (G. d'Aiomama) und der Ther-
maiſche (G. di Salonichi). Südwärts ſtieß es an
Theſſalien und Epirus, weſtwärts an Illyrien, nordwärts an Möſien und Dardanien (Servien und die
Bulgarey). Der größte Fuß Axius (ißt Vardari)
floß durch ganz Macedonien. Andere anſehnliche Flüſſe
waren der Strymon, Neſſus oder Neſtus, Aliac-
mon (Platamona), Enipeus, Erigon (Viſtriza).
Unter den Gebirgen waren die Kambuniſchen Berge auf der Gränze Theſſaliens, der Bermius in derſelben Gegend, der Scodrus auf der Gränze von Illyrien und Dardanien; der Athos (ißt Agios Oros)
auf einer Halbinſel. Das Land war zu verſchiednen
Zeiten in verſchiedne Landſchaften, zu den Zeiten der
Römer in vier Haupttheile getheilt. Zwiſchen dem
Peneus und Axius waren die Landſchaften Pieria,
Bottiäa, Emathia, Deuriopus. Der äußerſte
Gränzplaß gegen Theſſalien war Heracleon. Zu
Pierien gehörten Dion (San-Dia), Pydna (nachher
Citron, daher Kitro), Methone; zu Bottiäa ge-
hörte Pella (ißt Palatiſa) in den leßtern Zeiten Haupt-
ſtadt; zu Emathien Aegä (Moglena), Edeſſa (von
Aegä unterſchieden) Gortynia; gegen Illyrien zu
Pelagonia (Hauptſtadt der vierten Region im rö-
miſchen Zeitalter), Stobi, nachher Antigonea.

Zwiſchen den Flüſſen Axius und Strymon lagen:
Theſſalonika, ehemals Thermä, woher die Thermai-
ſche Bay den Namen hat, ißt Saloniki (die vornehmſte
Stadt in der Landſchaft Amphaxitis, eine von Macedoniens Hauptſtädten, durch Caſſander erweitert); die
übrigen Städte in den Landſchaften Amphaxitis,
Mygdonia, Biſaltia, und Sintice waren nur

*) Von den ältern Gränzen ſ. Larcher table géogr.
zum Herodotus T. VII, p. 215.

klein und weniger merkwürdig. Größere Städte, vornemlich in den Landschaften Pallene und Chalcidice, gehörten ehemals (vor Philipp) zu Thracien. Die vornehmsten darunter waren: Chalcis (im peloponnesischen Kriege), Olynthus, (nicht weit vom Toronäischen Meerbusen, ehemals den Atheniensern unterworfen, dann Republik, und zuletzt von Philipp erobert), Acanthus am strymonischen Meerbusen, Stagirus oder Stagira, nicht weit davon, (itzt Stauros) mit seinem Hafen Caprus, Pallene auf der Erdenge zwischen dem Thermaischen und Toronäischen Meerbusen, Potidäa (auf demselben Isthmus, ehemals den Atheniensern unterworfen). Torone auf einer Landspitze an dem Meerbusen, der von ihr den Namen führt; auf der Halbinsel (Akte) wo der Athos sich befand, war eine Hauptstadt Cleonä. · In dem neuerlich erworbenen Lande (Macedonia adiecta) waren die vorzüglichsten Städte: Amphipolis in der Landschaft Edonis (ehemals Ennea hodoi, die neun Straßen, itzt Jamboli) eine Athenienf. Kolonie; ihr Hafen war Ejon; in dem Mittellande von Edonis Crenides, an deren Stelle Philippi kam; noch mehrere kleine Derter lagen an der Küste des strymonischen Meerbusens;· dieser Küste gegen über war die Insel Thasos; im eigentlichen Thracien, am Hebrus, hatte Philipp die Stadt Philippopolis angelegt, nachher Trimontium genannt.

Zu dem Macedonischen Illyrien, das zwischen dem adriatischen Meere (gegen Abend), Epiros (südlich), Macedonien (östlich), Dalmatien und Dardanien lag (itzt Albanien genannt), waren die vornehmsten Plätze: Dyrrhachium (vorher Epidamnus, itzt Durazzo), der Landungsort der Italiener; Apollonia am Aous (itzt Pollina, Handelsstadt der Taulanter), Oricum, (in ältern Zeiten Landungsplatz der Römer), Albanopolis, (Albasano) Hauptstadt der Albaner, Elymia (Arnaut

Bellgrad) Hauptstadt der Elymioten, **Lychnis** oder Lychnidus (Achrida).

Epirus (Canina) lag zwischen dem griechischen Illyrien und den Acroceraunischen Gebirgen (monti della Chimera) gegen Norden, Macedonien und Thessalien gegen Osten, Acarnanien und dem Ambracischen Meerbusen gegen Mittag, dem Jonischen Meere gegen Abend. Die vornehmsten Völker waren die **Chaonier**, **Thesproter** und **Molosser**, nach welchen auch das Land in drey Theile getheilet worden ist. Unter den Flüssen waren berühmt, **Acheron**, (Delihi), der den **Cocytus** aufnahm und in den Acherusischen See floß, und **Thyamis**, unter den Bergen der **Pindus** (Mezzovo). In der Landschaft der Molosser, im Mittellande, war **Dodona**, die vornehmste Stadt (ehemals gehörte sie zu Thesprotien); im Lande der Thesproter, **Ambracia** (von andern zu Molossis gerechnet) am Meerbusen, **Nicopolis** (Prevezi) dem Vorgeb. Actium gegen über, von August gestiftet, **Buthrotum** (Butrinto), **Cassiope**, **Onchesmus** (ein Hafen, Corcyra gegen über); in Chaonien lagen **Omphalium**, **Antigonia**, **Chimára**; auch **Cricum** ist von einigen dazu gerechnet worden. Noch waren die **Athamanen**, **Doloper** und **Dryoper** unter den epirotischen Völkern bekannt.

Thracien, dessen griechische Colonien schon angeführt worden sind, und dessen Umfang zu verschiednen Zeiten verschieden war, hatte mehrere Völkerschaften zu Bewohnern, **Geten** (eigentlich außerhalb Thraciens, in Untermösien oder der Bulgaren) **Triballer** (auch in Untermösien), **Travsen**, **Odrysä**, **Ciconen**, **Bistonen**, **Treret**, **Besser** u. s. f. Die Küste Thraciens fieng westlich bey der Mündung des **Nestus** (Mesto), der es von Macedonien schied, an; dem dasigen Vorgebirge **Serreion** gegen über lagen die Inseln **Samothrace** (Samandraki) und **Imbrus**. Dann folgte die Mündung des **Hebros** (Mariza) und die schwarze Bay mit dem Fluß Melas. Diese Bay schließt der Cherfones ein. Deffen Vorgebirge find Sarpedonion und Maftufia. Dann folgt die Meerenge der Dardanellen; dann Propontis; Heftias ein Vorgeb. bey Byzanz; der Bofporus; die Cyanelſchen Felſen; Vorgeb. bey Salmydeſſus, Meerbuſen bey Apollonia, und gegen Mitternacht ein Vorgeb. des Hämus (Eminedagh).

Zwiſchen dem Neſtus, Hebrus (Mariza) und Melas wohnten die Biſtoner und Ciconer. Hier waren die vornehmſten Städte an der Küſte, Abdera (Vaterland des Democritus), Skapte-Hyle (Stipſilar), Maronea (Marogna, vor Alters Ismarus, mit einem See), Dicãa, Stryma (die Stadt der Thracier), Doriscus (eine alte griech. Stadt), Aenos an der Mündung des Hebrus. Auf dem thrac. Cherfones lagen Cardia, an deſſen Stelle nachher Lyſimachia (Hexamili) trat, Pactye (S. Georgio), Callipolis (Gallipoli), Aegospotami (ein Ort an einem kleinen Fluſſe), Seſtus (Zemenic) dem aſiatiſchen Abydus gegen über. An der Küſte von Propontis und dem ſchwarzen Meere lagen Biſanthe oder Rhädeſtus (Rodoſto), Turullus (Tſchurli), Perinthus, nachher Heraclea (Erekli), Selymbria (Silivri) Byzantium, griech. Städte, Salmydeſſus (Midſcheh), Apollonia, nachher Sozopolis genannt (Sizeboli), Thynias (Tiniada), Anchialus (Akkiali), Meſembria (Miſevria) an der Küſte von Niedermöſien. Mitten im Lande waren merkwürdig: Uſcudama (ißt Statimaka), Nicopolis am Hämus, Philippopolis oder Philippi (Philiba), Hadrianopel, ehemals Oreſtias (Andrinopel), Bizya (ehemals Reſidenz der Odryſiſchen Könige), Tyle, (wo die Könige der Galler ihre Reſidenz nahmen), Deultum (eine römiſche Colonie, ißt Zagora), Flaviopolis, ehemals Zela, noch verſchiedene kleinere Städte. In der Nähe von Byzanz waren die Inſeln Demoneſi, weiter hin nach der Asiatischen Küste zu die Inseln, welche schon als griechische Kolonien bekannt geworden sind.

Kleinasien war getheilt in das Land dießseits des Taurus, das jenseits des Taurus, und die Landschaften, die an die Küste des schwarzen Meeres gränzten.

Asien dießseits des Taurus wurde getheilt in die Landschaften, die am Meere lagen, und die mitten im Lande befindlichen. Zu jenen gehörte

1. Mysien, und zwar a. Kleinmysien (von der Mündung des Aesepus bis an den mysischen Olympus oder bis an die bithynische Gränze) in welchem die Flüsse Aesepus, Granicus (Uswala), Rhyndacus (Mehullitsch) und der Berg Olympus merkwürdig waren; die vornehmsten Einwohner waren die Dolioner und die Mygdonier; am Propontis lag die Stadt Lampsacus (Lamsaki, oder Lepsek), weiter ostwärts Parium, Adrastea, Priapus, und tiefer im Lande Scepsis, Apollonia am Rhyndacus (Abuillona), und Miletopolis; die Inseln Cyzicus und Artace (Arraki) die mit zu Mysien gerechnet werden, sind schon erwähnt worden. b. Großmysien, in der Gegend des Caicus; hier lag Pergamum, Sitz eines eigenen Reichs, Adramyttium (Adramit) mit einem Meerbusen, die alten Städte Lyrnessus und Thebe der Cilicier; innerhalb des adramytt. Meerbusens Gargara ein Vorgebirge, Antandrus.

2. Troas (von Abydus bis an das Vorgeb. Lectus (Kap Baba) zwischen den beyden Mysien); die Flüsse der Landschaft waren der Simois, Scamander, ehemals Xanthus, und Rhodius, die von dem Berg Ida herkamen. An der Mündung des Hellesponts und Propontis lag Abydus; weiter hin Dardanum, Sigeum (Jenischeher oder Giaurkioi), Ilium (verschieden von dem neuern Ilium), Troas Alexandria, ehe-

mals Antigonia (Eski stambol), Affus (Affo), welches andere zu Großmysien rechnen *).

3. **Aeolien,** von griech. Kolonien bewohnt, die schon oben angeführt sind. Temnos (Menamen) wurde von einigen zu Aeolien, von andern zu Jonien gerechnet.

4. **Jonien.** Auch deſſen griech. Colonien ſind ſchon genannt worden.

5. **Carien,** der Inſel Rhodus gegen über, landeinwärts bis an den Mäander ſich erſtreckend, hatte nicht nur griech. Colonien am Meere, ſondern auch noch mehrere Städte im Innern des Landes. Ein beſonderer Diſtrict war die Landſchaft Doris von Myndus (Menteſe) an bis Caunus (Copi). Derjenige Theil, welcher der Inſel Rhodus unmittelbar gegen über lag, hieß Peräa. Im Innern von Carien waren Aphrodiſias, Alabanda, Mylaſa (Melaſſo) durch die Marmorbrüche berühmt, Stratonicea (Eskihiſſar) und Antiochia am Mäander (Jeniſcher); Telmeſſus oder Telmiſſus (Macri) auf der Gränze; iſt von einigen zu Lycien gerechnet worden.

6. **Lycien,** die letzte von den an der Seeküſte liegenden Provinzen dieſſeits des Taurus, zwiſchen Carien und Pamphylien, hatte einen ſchiffbaren Fluß Xanthus, und die Berge Cragus, Chimära u. a. Vorzügliche Städte waren Patara (Patera), Myra, Olympus, Phaſelis (Fionda) in dem Kriege der Römer mit den Corſaren berühmt; beſondere Diſtricte von Lycien waren Milyas und Cabalia, in letzterem die Stadt Cabalis.

Die mittelländiſchen Provinzen von Aſien dieſſeits des Taurus ſind:

1. **Lydien,** zwiſchen Jonien, Phrygien, Myſien und Carien, wo die Berge Tmolus (Bozdag), und

*) Man vergl. Wood über das Originalgenie des Homer, nebſt den Zuſätzen, und le Chevalier Beſchreibung der Ebene von Troja, mit Zuſätzen von Heyne, Leipz. 1792. Chandler Reiſen nach Kleinaſien S. 31. 49 ff.

Sipylus, der Fluß Pactrolus, die Städte Sardes (Sardys), Hypápa (Berki), Philadelphia (Alah scheher), Thyatira (Akhissar), Magnesia am Sipy-lus (Magnissa), Tralles (Sultanhissar), Attalea (Jtalah), Apollonis, und mehrere kleine Flecken ausgezeichnet sind.

2. Phrygien, zwischen Galatien, Cappadocien, Pisidien. Man hat in spätern Zeiten, und in weiterer Ausdehnung es eingetheilt in Kleinphrygien, welches die Landschaft Troas ist, das erworbene (Epictetus), und Großphrygien.

In dem erworbenen Phrygien waren die merk-würdigsten Städte Nacolea (Nacalia), Coryáum (Kjuthaya) Dorýláum (Eski-scheher). Großphry-gien hatte noch mehrere große Städte: Synnaos (Seguta) Prymnesia (Karahissar), Synnada (Sandacleh), Laodicea am Lycus (Eskihissar), Colossä oder Colassä (Konos), Hierapolis am Mäander (Bambuk kalasi), Cibyra, eine bedeutende Handels-stadt (Buruz), Jpsus, Apamea am Zusammenfluß des Mäander mit andern Flüssen, eine große Handels-stadt (Aphion kava-kissar), Gordium.

3. Galatien (das Land, welches Gallier, nebst den Griechen, bewohnten) war ein Theil von Groß-phrygien, zwischen Paphlagonien, Cappadocien und Bithynien. Drey Stämme der Gallier hatten es be-setzt: a. Tectosager, in deren District Ancyra (An-gora), Dadastana lagen, b. Tolistobojer, deren Hauptstadt Pessinus durch die Verehrung der Cybele merkwürdig wurde, c. Trocmer, deren Hauptstadt Tavium (Tusia) starken Handel trieb.

4. Pisidien, oder das Land der Solymer, auf dem Taurus, hatte wenige in der Geschichte ausge-zeichnete Plätze: Oroanda (Haviran), das verbrann-te Laodicea (Ladikie), Seleucia (Jschaklu), Sa-galassus (Sadschaklu).

5. **Lycaonien,** von Phrygien, Galatien und Pisidien eingeschlossen. **Jconium** (Cogni oder Coni) **Lystra** und **Derbe** waren die berühmtesten Städte *).

Zu **Asien** jenseits des **Taurus** gehören die Landschaften:

1, **Pamphylien,** nordwärts vom Taurus und Pisidien, westlich von Lycien, östlich von Cilicien, südwärts vom Meere eingeschlossen. Die vornehmsten Städte sind: **Olbia** (Antalia), **Sida, Perga** (Kara-Hissar) am Fluß Cestrus, Hauptstadt, **Aspendus** am Fluß **Eurymedon,** welcher durch Cimons Sieg so berühmt geworden ist, das kleine **Cibyra** (Jburar) von manchen nach Cilicien versetzt.

2. **Jsaurien,** zwischen Lycaonien und Cilicien am Taurus, nur durch seine Korsaren berühmt.

3. **Cilicien** ist in zwey Theile getheilt worden: a. das steinigte, gebirgige (trachea, aspera), in welchem die vorzüglichsten Städte waren: **Selinus** (nachher Trajanopolis, Selenti), **Charadrus** (eine Festung am Berge Cragus), **Anemurium** (Anemurieh) der Insel Cypern gegen über, **Aphrodisias** (Geyra), **Corycus** ein Vorgebirge mit der berühmten Höle, **Seleucia** Trachea (Seleffie) am Fluß **Calycadnus** (Keliktni), **Diocäsarea** (Kir = scheher); b. das ebene (campestris), wo die Städte **Soli** (nachher Pompejopolis,) Anchiale, Mallus, **Jssus** (Ayas) durch Alexanders Sieg berühmt (nicht weit davon waren die **Syrischen Pforten**), **Alexandria** (Alessandrona), **Tarsus, Anazarbus** (in der Folge Cäsarea, Ainzerbeh), **Mopsvestia** (Messissa), **Germanicia** (Marash) an der Gränze von Syrien in spätern Zeiten bekannt.

An dem **Pontus** (schwarzen Meer) lagen die Provinzen:

---

*) Man vergl. über diesen Theil von Kleinasien, Chandler S. 311 ff.

1. **Bithynien** (Bebrycia) zwischen dem schwarzen Meere, Propontis, Mysien, Phrygien, Paphlagonien, bewohnt von Mariandynern, Cauconen, Thynern, (Bithynern) und griech. Kolonisten. An der Küste waren die Städte **Myrlea** (Apamea, nun Mudania), **Cius** am astacenischen Meerbusen (Dschemblik), **Prusa** (Bursa) am Berge Olympus (Anadoli dag), **Nicomedien** (Ismid), **Astacus** nicht weit davon, durch Lysimachus zerstört, **Chalcedon** (die Megarensische Kolonie, Kadi-keui), **Chrysopolis** (Iscodar), **Heraclea** in Pontus (Eregli), **Tium** (die Kolonie der Milesier) tiefer im Lande **Nicäa** (Isnik), Hadriansstadt am Olympus (Edrenos) und verschiedene andere.

2. **Paphlagonien** gieng von dem Fluß **Parthenius** (Geredasu) bis an den **Halys** (Kisil-Ermak); die vornehmste Völkerschaft waren die **Henetl**. Weit in das Meer hinein gieng das Vorgebirge **Carambis** (Kerempi). Am Meeresufer auf einer Halbinsel lag **Amastris** (Amastro), weiter hin **Cytorus**, und mehrere kleine Städte; die größte war **Sinope** (Sinob) von Milesiern gegründet, in spätern Zeiten Residenz der pontischen Könige. Im Lande lagen **Gangra** (Changreh) die Hauptstadt, **Pompejopolis** (Tusia), **Germanicopolis** (Kastamoni), **Antoniopolis.**

3. **Pontus** (das pontische Cappadocien, von dem eigentlichen Cappadocien durch eine Bergkette getrennt) gieng von Halys bis an Trapezus, längs dem schwarzen Meere hin. Die ältern Bewohner waren: Amazonen, Tibarener, Chalder oder Chalybes, Mosynöci, Philyres, Macrones, Drilä, welche durch den Rückzug der zehntausend Griechen aus Persien bekannter geworden sind. An der Küste lagen die Städte: **Amisus** (Samsoun), die Athen. Kolonie, **Coryora** und **Pharnacia** (ehemals **Cerasus**), beydes Kolonien der Sinopenser, **Trapezus** (Tarabosan, Trebisond); im Lande **Comana Pontica**, **Amasea** (Amasieh), am Fluß

lycus Neocåsarea (Nicksar), Sebastopolis (Si-
was), Zela (Zile), und einige noch kleinere Städte.
An der Mündung des Thermodon (Termeh) lag
Themiscyra, der Hauptsitz der Amazonen.

4. Cappadocien begriff in den ältern Zeiten auch
die Landschaft Pontus, von welcher es im Macedon.
Zeitalter getrennt, und als ein besonderes Land (Groß-
cappadocien) angesehen wurde, das vom Pontus bis an
den Taurus, von Lycaonien und Phrygien bis an den
Euphrat gieng. Die vornehmsten Berge waren der
Amanus und der Antitaurus; das Land war unter
den röm. Kaisern in 10 Districte getheilt. Arche-
lais (Erekli) war eine Colonie des Claudius; Clyssa
(Mous-sher), Nora eine Festung auf der Gränze von
Lycaonien und Isaurien, Nazianzus, Mazaca nachher Cåsarea (Kåsarieh) von einigen zu Cilicien gerechnet, Tyana an der Cilicischen Gränze, Mopsu-
crene (gleichfalls zu Cilicien gezählt), die Landschaften Cataonien, ein Thal zwischen dem Amanus
und Antitaurus, in welchem der Fluß Pyramus ent-
springt, Comana Cappadocica, und Melitene
(Syria Commagene) wo Melita (Malatia), das auch
zu Kleinarmenien gezählt wird, eine sehr alte und in
spätern Zeiten noch berühmte Stadt, lag.

An die Asiatische Küste stieß der Bosporus Cim-
merius, die Meerenge, durch welche man aus dem
Propontis in dem Mäotischen See kömmt (Estratto di
Caffa); auf der asiat. Küste lagen die Städte Cim-
merium und Phanagoria an der nördlichen Spitze.
Der europäische Theil des Cimmerischen Bosporus hatte
berühmtere Städte Theodosia (Caffa), Pantica-
pänm (Kersch) und andere. An der Küste des schwarz.
Meers von Trapezus an lag die Landschaft Colchis (nachher Lazica, Mingrelien) mit verschieden. Völkerstämmen.
Am Flusse Phasis (Faß) lag die Stadt gleiches Namens, weiterhin Aea (daher der König Aeetes) Dios-
kurias nachher Sebastopolis (Iskuriah), eine berühmte

430

Handelsstadt, und griech. Kolonie, **Pityus** (**Pitchinda**) in dem äußersten Winkel des Pontus.

Iberien, zwischen Colchis, Armenien und Albanien, fast ganz eingeschlossen vom Caucasus (Imirette) hatte die **Suaner** und andere Stämme zu Bewohnern. **Zalissa** wird für das heutige Tiflis gehalten. Der Fluß **Cyrus** (Kur) gieng durch Iberien und Albanien ins Caspische Meer. In dem Caucasus, der vom schwarzen Meere zur Caspischen See sich hin erstreckt, waren die Caucasischen Pforten ein im Berge selbst gebildeter Paß. — **Albanien** lag zwischen Iberia, dem Caucasischen Gebirge und der Caspischen See; die Albanischen Pforten werden für das heutige Derbend gehalten. **Cabalaca** (itzt Kablat-var) und **Camachia** (itzt Schamakin in der Provinz Schirvan) waren Hauptplätze. — **Armenien** (Haik) war in das kleine (zwischen Cappadocien und dem Euphrat) und das große (zwischen dem Taurus, Medien und Kleinarmenien) getheilt. Von letzterm waren wenige Städte den Griechen in frühern Zeiten bekannt. **Nicopolis** hatte erst Pompejus erbauet. **Großarmenien** war ihnen bekannter. Die größten Flüsse Asiens, der Lycus, Phasis, Cyrus, Araxes, Euphrat, Tigris, nahmen aus diesem Lande ihren Lauf. Die Landschaften sind: **Phasiane** (Fasiani), **Hispiriatis, Chorzene** (wo Kars), **Moxoene** (Musch), **Acilisene** (Ekilis), **Sophene** (Zoph) nordwärts von Mesopotamien, **Arzanene** (Arzen) **Anaitica, Gordyene** oder **Corduene**, wo die Carducher wohnten. Hauptstädte waren **Artaxata** am Araxes, **Arsamosata** (Simsat) am Euphrat, **Tigranocerta** (Sered). Die spätern Kriege des griechischen Kaiserthums mit den Persern haben dieß Land noch berühmter gemacht.

Die Halbinsel, die von dem Euphrat in Westen und Süden, vom Tigris in Osten eingeschlossen, und

durch die Taurischen Gebirge von Armenien getrennt
ist, war den Griechen unter dem Namen Mesopotamien (Aram Naharaim, Al Dschesirat) bekannt. In
den spätern Zeiten wurde der westliche Theil Mygdonia, ein anderer Osrhoene genannt, und es gab
hier viele griechische Kolonien. Unter den Städten
am Euphrat waren merkwürdig Nicephorium (von
Alexander dem Großen erbauet, nachher Callinicum,
Vacca), Circesium oder Circessus (Kirkisia),
Dura, Corsote, die Pylä (bey Xenophon, itzt viel-
leicht Zawnhe), Neharda, Cunaxa (von andern zu
Babylonien gerechnet), Pompeditha; am Tigris
lagen Amida (Diarbekir, Amid) Hauptstadt, nicht
weit davon die Festung Bezabde; Cäne am westli-
chen Ufer, (wahrscheinlich das spätere Sena) Apamea
Mesene (in der Landschaft Mesene, die durch zwey
Aerme des Tigris entsteht); nicht weit davon war die
Medische Mauer, von Backsteinen erbauet (unweit
Babylon); zwischen dem Tigris und Euphrat: Edessa
(auch Callirrhoe, itzt Urfa) Hauptstadt des berühmten
Edessenischen Reichs), in einiger Entfernung Carrhä
(Haran); Alama war von Macedoniern erbauet;
Resaina (Rasain) lag am Chaboras (al-Kabur); in
Mygdonien lag Nesibis oder Antiochia Mygdonia
(Nisibia). Weit von Nesibis entfernt war Singara
(Sinjar); Ur war ein persisches Castell. An Meso-
potamien gränzte Babylon, das bisweilen mit zu je-
nem gerechnet worden ist (Jrak Arabe); gegen Süden
stieß es an den persischen Meerbusen, gegen Osten an
Susiana. Am Euphrat lagen die Hauptstadt Baby-
lon (nun in der Nähe ein Flecken, Helle), Hira, Bor-
sippa, Sura; am Tigris Seleucia und in der
Nähe Ctesiphon, welches einige zu Assyrien ziehen
(itzt Tauk-fesserah), Sittace nicht weit vom westlichen Ufer des Flusses, Opis am Fluß Physcus.
Chaldäa war ein von Babylonien unterschiedener
Theil, der an Arabien und das persische Meer gränzt.
Hier war Teredon (Balsora) merkwürdig. Die In-

fel Mesene, die von zwey Aermen des Tigris gebildet wurde, ist schon erwähnt worden.

Der Name Assyrien war ursprünglich nur der Landschaft Adiabene eigen, wurde aber in der Folge dem ganzen District zwischen Großarmenien, Mesopotamien und Medien beygelegt, und begriff bisweilen auch Babylon und Mesopotamien in sich. Zu den Bewohnern gehörten die Gordyäer (Kurden) und die Garamäer (Garm). Die Hauptstadt war Ninus, am Tigris (nun Nunia), an diesem Fluß lagen noch mehrere kleine Städte; in der Landschaft Aturia, um den Lycus herum, war Gaugamela, und nicht weit davon Arbela (Erbil), nahe dabey lag Demettias (Korkur); weiter hin Siazuros (Scherzur) und an der Medischen Gränze Albania (Holuan).

Syrien faßt im weitern Sinn auch Mesopotamien, Babylonien, und Adiabene in sich, gewöhnlich aber wurde nach Alexanders Zeiten das Land, das nordwärts an Cilicien, östlich an den Euphrat, südlich an Arabien und Aegypten, westwärts an das mittelländ. Meer gränzt, so genannt, und Palästina nebst Cölesyrien und Phönicien waren mit eingeschlossen. Man hat aber auch diese Landschaften bisweilen davon getrennt. Die vornehmsten Flüsse des Landes waren der Orontes oder Axius (Orond, El Asi), der Marsyas (Berzleh), Chalus (Kowaik) Eleutherus (Nahr Kibir) Adonis (Nahr Ibrahim), Lycus (Nahr Kelb), Chrysorrhoas oder Bardine (Baradi) und Tamyras (Damur). Zu den Gebirgen des Landes gehören der Taurus, Amanus, Pierius, Casius, Libanus, Antilibanus. Die einzelnen Landschaften sind: 1. Commagene an Cilicien und dem Berge Amanus. Hier lagen Samosata (Schemischt) am Euphrat, Epiphania, Erana (auf dem Amanus), Pindenissus (Behesni), Singa, Zeugma (Zeme) wo man über den Euphrat setzte, Doliche (Doluc), Imma (von andern zur folgenden Landschaft gerechnet).

2. Seleucis und Pierien (seleucidisches Syrien, der vornehmste Th.); am Meere lagen die Städte, Alexandria am issischen Meerbusen (von einigen zu Cilicien gerechnet, Alexandrette) Pagrä (Bagras) Laodicea (Ladikieh), Seleucis Pieria, Aradus eine Insel, Ruad (wird zu Phönicien gerechnet) und Antaradus, auf dem festen Lande. Tiefer in das Land hinein lagen Antiochia am Orontes (Antakia), der Flecken Daphne (Beit-el-ma) Seleucia am Belus (Schagr), Apamea am Orontes (Famieh), Larissa (Schizar), Epiphania am Orontes (Hamath), Emesa (Hems). 3. Die Landschaft Cyrrhestica zwischen Commagene und Seleucien, an der Cilicischen Gränze, hat von einer macedon. Landschaft den Namen: Cyrrhus (Corus), Hierapolis sonst Bambyce (Membigs oder Bambych), Berôa (Halep, Aleppo, wiewohl dieß einige zu einer besondern Landschaft, Chalybonitis, ziehen), waren die Hauptplätze. 4. Chalcidice, der fruchtbarste District. Hier lag Chalcis am Belus. Die an diesen District stoßende 5 Landschaft Palmyrene ist vornehmlich durch die alte Stadt Palmyra (Tadmor) berühmt geworden. 6. Côlesyrien hieß das Thal zwischen dem Libanus und Antilibanus (bisweilen ist der Name auch weiter ausgedehnt worden). Am Libanon lag Laodicea (Juschiah), am Orontes Heliopolis (Balbek) nicht weit davon Abila (des Tetrarchen Lysanias, Nebi-Abel); Damascus (Damaschk) aber war als Hauptstadt Syriens vorzüglich berühmt. 7. Phönicien. Die merkwürdigsten Städte lagen am Meer: Simyra (Sumira), Orthosia (Ortosa), Tripoli (Tarablus), Botrys (ißt ein Dorf Botrun) Byblus (Geball), Berytus (Barut), Sidon (Said), Sarepta (Sarfand) Tyrus (Sur, das ältere Tyrus; das zweyte; das von Alexander erbauete dritte); im Lande Gabala (Gebileß), Ptolemais (Acca) von andern zu Galiläa gezogen. 8. Palästina kommt in der frühern Geschichte der Griechen nicht

II. Th.   E e

vor, ob es ihnen gleich in den spätern Zeiten nicht unbekannt
blieb. Es wurde in folgende Landschaften getheilt:
1. Disseits des Jordans (el Arden) a. das obere und
untere Galiläa, das an Phönicien und Syrien
gränzt; b. Samaritis, mit der spätern Hauptstadt
Neapolis (Nablus); c. Judäa, welches aus
zwey Haupttheilen, den an dem Meer gelegenen (Phi-
listäa, wo Gaza, Asdod (Ajot, Esbud) und andere Städte merkwürdig wurden) und den tiefer im Lande liegenden Cantons (wo Jerusalem Hauptstadt war)
bestand; d. Idumäa. 2. Jenseit des Jordans lagen die Landschaften Paneas an den Quellen des
Jordans, Trachonitis, Ituräa oder Auranitis,
Gaulanitis (mit der Stadt Gaulon, ißt Abge-
loun), Baranäa, Decapolis, Galaaditis,
Peräa, (wo an der Gränze Pella lag), Ammoni-
tis, Moabitis. Auch mit Arabien hatten die ältern Griechen keine Verbindung. Man hat es in drey
Theile getheilt: 1. das petraische, dessen Einwohner Ammoniter, Moabiter, Idumäer, Na-
bathäer (nach Alexanders Zeiten berühmt, vom Euphrat bis an das rothe Meer wohnhaft) u. s. f. waren.
Das Land gränzte westlich an Aegypten, nordwärts
an Judäa und einen Theil von Syrien, südwärts an
den arab. Meerbusen. 2. Das wüste Arabien,
zwischen Mesopotamien, Babylonien, Syrien und
dem petraischen; 3. das glückliche Arabien (oder
die Halbinsel) zwischen den andern Theilen, den arabischen und persischen Meerbusen. Hier kannte man
am arab. Meerbusen Leuce Come (Haur), Muza
am äußersten Ende, am persischen das Vorgebirge
Syagros, von dem die Dioscorides Insel (ißt
Socotora) nicht weit entfernt war, die Sabäer, die
Homeriten. Den Römern wurden mehrere Han-
delsstädte dieses Landes bekannt.

Die Landschaften von Medien und Persien
sind den Griechen erst durch Alexanders Feldzüge be-

kannter geworden. Vorher kannte man sie nur durch
die Nachrichten von den Völkern, die Xerxes Armeen
ausmachten, oder durch einzelne Reisende, sehr mangel-
haft. Medien war nordwärts durch das Caspische Meer,
westwärts durch Großarmenien und Assyrien, südwärts durch Persien, ostwärts durch Parthien und
Hyrcanien begränzt, und nach Alexanders Zeiten getheilt in 1. das Atropatenische Medien (Adherbidschan)
wo Gazaca (Tebris), Morunda (Marand), Cyropolis lagen, und die Cadusier, Marder, Ta-
pyrer, schon in frühern Zeiten wohnten; 2. Groß-
medien, in welchem Theil noch Marder, ferner
Uxier, Cossäer, Parátacener ansässig waren.
Die Hauptstadt war Ecbatana (Hamadan); von da
kam man nach Ragá (Rei), nicht weit davon an
der östlichen Gränze des Landes waren die Caspischen Pforten durch den Fels gehauen. An der Gränze von Parátacene lag Tabas (Savo).

Persien (im weitern Sinn) begriff folgende
Landschaften in sich: 1. Susiana (Khusistan) durch
welche der Euläus oder Choaspes floß. Süsa, an
diesem Flusse (Suster, oder Tuster itzt) war die Haupt-
stadt. Sonst gab es hier wenige bedeutende Städte.
Die Chusier, Cossäer und Uxier bewohnten diesen Di-
strict, und nordwärts wohnten die Elymäer, deren
Landschaft, Elymais, von einigen zu Medien gezo-
gen worden ist. 2. Das eigentliche Persien (Pars,
Fars), welches die Flüsse Rogonis, Sitacus, Cyrus
(Kur), Araxes durchströmten. Ostwärts vom letztern
Fluß lag Persepolis (Esthekar, Tschelminar); in der
Nähe des Cyrus war die alte Residenz, Pasargadá
(Pasa); an die Stelle von Alpadana ist Isfahan
getreten. 3. Carmanien (Kerman), mit der Haupt-
stadt Carmana und einigen Inseln im persischen
Meerbusen. 4. Parthien zwischen Carmanien,
Medien und Hyrcanien, wo nach Alexanders Zeit
Hecatompylos Hauptstadt war. 5. Hyrcanien

zwischen dem Hyrcanischen Meer, Medien, Parthien und Margiana, hatte nur wenige den Griechen merkwürdige Städte. Zeudracatta war eine Hauptstadt. Größer und berühmter war 6. die Landschaft Margiana, so genannt von dem Flusse Margus (Marg-ab). Hier hatten die Griechen nach Alexander Städte angelegt, wie Antiochia Margiana (von Antiochus II. ißt Mahre Schahidschan) und Nisäa. Die vornehmsten Völkerstämme waren die Massageten und Daher. 7. Bactriana, welches gegen Süden bis an den Paropamisus sich erstreckte. Der Oxus (ißt Gihon) trennte es von Sogdiana. Es war schon in den ältern Zeiten berühmt. Bactra (Zariaspe, ißt Balk) am Fuß des Paropamisus wird als eine uralte Königsstadt erwähnt. Alexander hat in dieser Provinz und in Sogdiana mehrere Städte erbauet. In Guria findet man das heutige Gaur. 8. Sogdiana (al Sogd) ist von den Flüssen Oxus und Jaxartes (Sir) eingeschlossen, in welchen leßtern Fluß sich der Bascatis (ißt Wash) ergießt. Als Einwohner werden genannt die Stämme Sogdier, Oxydracä, Massageten, Daher, Saker, Chorasmier (Karasm), Comedä. Die Hauptstadt war Maracanda, die Alexander zerstörte (ihre Stelle nimmt Samarcand ein). Die übrigen besonders in Alexanders Geschichte vorkommenden Städte sind: Oxiana, am Oxus (Termed), Nautaca (Nefschab), Petra auf einem Felsen (Schadman), Nura oder Maura (Nur), Gabä (Kavos), Cyr-eschata am Jaxartes, die Gränzstadt des pers. Reichs (Cogend); Alexander erbauete in der Nähe Alexandria Oxiana; Gorgo (Urghenz). 9. Die Länder am Paropamisus (dem nördlichen Theil der Gebirge, welche die nördliche Gränze Indiens bestimmen) machten eine besondere Landschaft aus. 10. Aria gränzte ostwärts an Paropamisus, südwärts an Drangiana, westwärts an Parthien, nordwärts an Margiana und Bactriana (Khorasan); man unterscheidet davon

Ariana, welches zwischen dem Indus, großem Meer und den Taurischen Gebirgen lag.

In Aria (Khorasan), welches von dem Fluß Arius (Heri-rud) den Namen zu haben scheint, lagen die Städte Bitaxa (Badkis), Susia (Zeusan), Artacoana, und Alexander erbauete eine Stadt seines Namens. Ein besonderer District hieß Anabon. 11. Drangiana das daran gränzte, hatte zu Bewohnern die Drangä (oder Zarangäi) Ariaspä, Segestaner (daher Sischistan). Durch das Land der Ariasper oder Evergeten floß der Erymander (Hindmend) in den See Zere. Die Hauptstadt war Prophthasia (Zarang). Ariaspe (Dergasp), Abeste (Bost) waren andere bekannte Städte. Letztere wird auch zu Arachosia gerechnet. Weiter südwärts lag die Landschaft 12. Arachosia (Weißindien) von dem Fluß Arachotus (Rockhadsch) so genannt; es gab auch eine Stadt dieses Namens. Auch hier war eine Stadt Alexandria (Scanderich) erbauet worden. Von einigen wird sie Alexandriopolis genannt. 13. Gedrosien lag zwischen Drangiana und Arachosien, Carmanien, dem indischen Ocean, und (gegen Osten) Indien, und war eine unfruchtbare Provinz. An der Küste lebten die Einwohner nur von Fischen (Ichthyophagi). An der Küste lagen die Städte: Samydace, Tiza oder Tisa (Tůz), Bazia (ein Vorgebirge) Musarea (von manchen zu Carmanien gerechnet), Calama, Carmine eine Insel, Malaca im Lande der Oriter (deren Hauptstadt Ora war), Arbis von Nearchus erbaut, im Lande der Arbier (Araba), Sangada am Ausfluß des Indus. Im Innern des Landes waren Pura (Purg), Chodda (Kidsch) von einigen zu Carmanien gezogen, Rambacia (Ermabschil), und kleinere Plätze, die nur bey Alexanders Feldzuge erwähnt worden sind.

Indien war zuerst den in Asien reisenden Griechen durch des Darius, Königs von Persien, Unternehmungen etwas bekannt geworden. Er sandte zuerst den Scylax von Caryanda mit einer Flotte von Caspatyrus (welches mit dem Caspira des Ptolemäus eine und dieselbe Stadt, das heutige Caschmir, zu seyn scheint) *), im Lande Pactya (nach Robertson dem heutigen Pehkely) aus; dieser fuhr den Indus herab bis zum Ocean und brachte seine Flotte erst im 30. Monate in den arabischen Meerbusen zurück. Hierauf unterjochte Darius die Gegend, welche der Indus durchfließt, und sie lernte man theils aus den Reisenachrichten theils durch die Indier, welche den Tribut an den persischen Hof brachten, kennen; allein nicht einmal der Fluß Ganges war noch bekannt geworden. Man unterschied das nördliche Indien (zwischen dem Indus und Behut oder Chelum, das heutige Caschmir) und das östliche (oder die Landschaft Sinde, welche durch Wüsteneyen von Guzerate und Aghamere getrennt ist). Hundert und sechzig Jahre darauf that Alexander seinen Feldzug **), gieng zwischen 32 und 33 Br.; nicht weit vom heutigen Attock, über den Indus, dann südwestwärts durch die Landschaft, welche von den fünf großen Flüssen, die sie bewässern, itzt Pandschab heißt, und

*) Heeren Commentatt. Soc. Gött. X. p. 129.
** Dieser Zug ist zwar schon Th. II. S. 153. ff. in den Noten erläutert worden, allein einige nach dem Abdruck erschienene Untersuchungen geben manche Berichtigungen. Es sind: A. H L. Heeren Comm. 1. de Graecorum de India notitia et cum Indis commerciis in bm Commentatt. societ. Götting. Vol. X. classf. phil. p 12f. ff. (auch einzeln abgedruckt); D. Wilh. Robertson historr. Untersuchung über die Kenntnisse der Alten von Indien und die Fortschritte des Handels mit diesem Lande xc. aus dem Engl. mit einer Vorr. von Geo Forster, Berl. 1792. 8. (vergl. Hrn. Prof Heerens Recension, Bibl. der alt. Litt. und K. IX. Stück, S. 105 ff.); Iamex Rennel Memoir of a Map of Hindostan, Section III. corrected and enlarged 1791. (vergl. Hrn. Hofr. Zimmermanns Annalen der geogr. Wiss. II Jahrg. 14. St. 360. if.), um kleinere Beyträge zu übergehen.

kam nur bis an den **Hyphasis**, welches der heutige
Benah (nicht Setledsche) ist, und zwar bis an dessen
südliches Ufer; er ist also nicht einmal das ganze Pandschab durchwandert, und gegen Norden und Osten nicht
über die Gränzen des Königreichs Lahore gekommen;
vom Hyphasis gieng er an den Hydaspes zurück, und
und kam in das heutige **Multan**; mit einer Flotte
segelte er den Indus herab in den Ocean.

Alexander nicht zufrieden einen kleinen Theil Indiens
zu Lande selbst durchstreift zu haben, wünschte theils
die Küsten genauer zu erforschen, theils einen See-
handel zwischen Indien und Babylonien sowohl als
Aegypten zu stiften. Er schickte von der Mündung des
Indus den **Nearchus** und **Onesicritus** ab, welche
von Pattala aussegelten, sich immer an die Küste hielten, und nach einer Küstenfahrt von 7 Monaten die
Flotte den persischen Meerbusen hinauf in den Euphrat zurück brachten. Zu gleicher Zeit scheint eine Um-
schiffung Arabiens versucht worden zu seyn. Etwas
tiefer, als Alexander, drang **Seleucus Nicator** zu
Lande in Indien ein. Er gieng über den Hypanis und
Hysudrus (Setledsch), durchstreifte die heutige Landschaft Lahore, dann setzte er über den Zomanes (itzt
Jumnah, Dschumna) griff das itzige Delhi an, und
kam bis an den Ganges, dann verfolgte er den Lauf
dieses Flusses in den Ländern, die zwischen ihm und
dem Jumnah liegen. Er gieng in die Landschaft Agra
(das heutige Canoge hält Hr. Prof. Heeren für Calli-
nipara), bis in die Gegend, wo der Jumnah und
Ganges sich vereinigen (wo itzt die Stadt Allahabad).
Dann setzte er wieder über den Jumnah und kam bis
Palibothra, eine Hauptstadt der Prasier am Ganges, wo Megasthenes sich lange als syrischer Gesandter
aufhielt. Nach Robertson (S. 205.) ist dieß das heutige Allahabad, nach Rennel Patna am Zusammenfluß des Sonus (Soane) mit dem Ganges, welche
letztere Behauptung mehr für sich hat. Ganz Benga-
len war also durch diesen Zug den Griechen bekannt
geworden.

Megasthenes, der mehrere Jahre zu Palibothra als syrischer Gesandter blieb, gab zuerst in einem
eignen Werke genauere Nachricht von den Ländern am
Ganges; von denen jenseit des Ganges konnte er nur
nach Gerüchten schreiben. Nachher hat Seleucus den
Daimachus, Ptolemäus der ägypt. König den
Dionysius als Gesandte nach Palibothra geschickt.
Beyde haben auch ihre Beobachtungen aufgezeichnet,
ohne die Kenntniß Indiens merklich zu erweitern. Die
Könige des neugestürzten Bactrianischen Königreichs
machten nachher große Eroberungen in Indien, allein
ihr in Indien gestiftetes griechisches Reich wurde (ums
J. 126. v. Chr.) zugleich mit dem Bactrianischen von
einer tatarischen Horde vernichtet. Von Aegypten
aus waren noch Seereisen nach Indien unternommen worden, unter denen die vom Eudorus im
Alterthum berühmt war. Die verschiednen Wege des
ostindischen Handels mit Aegypten scheinen das Land
selbst nicht bekannter gemacht zu haben *). Die Aben-
theuer des Jambulus und die Seefahrt des Patro-
cles sind größtentheils erdichtet. Die Kenntniß der
Alten von Indien konnte also nur auf den nördlichen
Theil, die Länder zwischen dem Indus und Ganges ein-
geschränkt seyn, oder auf die heutigen Staaten von
Sinde, Delhi, Auhd, Agra, Bahar, wo Palibothra lag.
Die mittäglichen Länder bis an die Mündung des Ganges waren nicht so bekannt. Die indische Halbinsel
und die malabarische Küste wurde den Griechen gar
nicht bekannt. Unter den indischen Inseln war es nur
Taprobane oder Ceylon, die besonders seit Megasthenes ihnen bekannt war, vermuthlich auch das gegen über liegende Cap Comorin.

*) Davon f. man Eichhorn Gesch. des ostind. Handels
vor Moß S. 23 f Robertson S. 40 Sprengels Gesch.
der micht. geogr. Entd. 2. Aufl. S. 92 ff. und Heeren in der
2. Comm. de Indiae notitia, auch Bibl. d. alt. Litt. IX.
S. 117.

Die Flüsse Indiens, die man in Griechenland kannte, waren der Indus (Sind). Hydalper (ißt Betah oder Tschelum), Hyphasis (Behah), Soamus (Tschamu) Acesines (Lichenaub oder Tschunaub) Hydraotes (Ravi, Rauvi), Hysudrus (Setledsche), Hypanis, Mais (Mahi), Jomanes (Dschumna) Sonus (Soane), Ganges. Die merkwürdigsten Völker u. Städte aber sind: Alexandria am Paropamisus (da wo ißt Kandahar), die Assacener (ißt Königr. Asch-Nagar) und in ihrem Lande die Städte Massaga und Peucela, Barisadis (Berubscheh), Nagara (Nagar), Aornos (vermuthlich Renas), Taxila (ißt Attok), Nicäa, Bucephala (in der Nähe von Lahor), Bazira (Bidschore) Sangala, das Land der Maller (Multan), die Oxydracä, (Ultscheh) die Sogder, die Musicani, die Städte Sindomana, Minnagara (al Mansora) Pattala (Tatta-nagar) wovon die ganze Landschaft benamt wurde, die Landschaft Sandrabatis (vermuthlich Scanberabat), die Städte Callinipaxa, Palibothra, (Patna) um welche Stadt die Prasier wohnten, und einige kleinere. Wäre der dem Arrianus beygelegte Periptus maris Erythraei ächt oder aus alten Quellen geschöpft, so würde daraus geschlossen werden können, daß den Griechen noch mehr von Indien bekannt geworden wäre. Allein jener Aufsatz ist erst nach Trajans Zeit und den Berichten, die man damals von Indien erhielt, gemacht. Nur die dem Arrian gleichfalls zugeschriebene Indische Geschichte ist darum zuverlässiger, weil dabey, ihr Verfasser sey auch wer er wolle, das Tagebuch von des Nearchus Seefahrt gebraucht ist.

Aegypten war nicht nur seit den Zeiten des Psammitichus mit griech. Colonisten besetzt, sondern es wurde auch von Griechen häufig bereiset, und stand seit den Zeiten der Ptolemäer in größerer Verbindung mit Griechenland. Der Nil, der bey den Alten ver-

ſchiebene Namen hatte *), durchſtrömt das land in verſchiednen Aermen; man erwähnte ſieben Mündungen,
durch welche er ſich in das mittelländ. Meer ergieße.
Das land war in ſpätern Zeiten in 53 Diſtricte getheilt, die in den drey Haupttheilen lagen: I. Nieder-
ägypten (Bahri). Dazu gehörten a. die Mareotiſche
laßdſchaft, wo Tapoſiris (Abuſir), Marea, (Ma-
riut)ꝛc. lagen; b. die Alexandriniſche, wo die Nomen
(Diſtricte): 1. von Alexandria. Die Stadt Alexandria 331. v. Chr. G. angelegt; ihren Haſen deckte die
Inſel Pharus, wo der leuchtthurm errichtet war; am
Meere Nikopolis (Kaſr Kiaſſera); Canopus (Ro-
ſette); 2. der menelaitiſche; Städte: Menelaus,
Momemphis (Meuuf); 3. der andropoliti-
ſche oder gynäcopolitiſche: St. Andropolis
(Schabur), Gynäcopolis (Selamun); 4. der lato-
politiſche; Latopolis; 5. der nitriotiſche (Ni-
tria). c. Das Delta. Hier waren die meiſten Nomen: 6. der Metelitiſche; Metelis (Miſſil);
7. Phthenothe; 8. der Cabaſitiſche; 9. der ſai-
tiſche; Sais (Sa). 10. der Naucratiſche; Nau-
cratis. 11. Phthembuti; 12. der Proſopitiſche;
Byblos (Babel); 13, 14. der obere und niedere
ſebennytiſche; Sebennytus (Semennud); 15. der
Onuphitiſche; 16. der Buſiritiſche; 17. der
Xoitiſche. 18. Der Mendeſiſche Diſtrict. Men-
des (Aſchmun-Tanah), Tmuis (Tmaje). 19. Diſtrict: Nut oder Neut; St. Thamiatis (Damiat).
20. Tanitiſche Nomus; Tanis (Sann). 21. Se-
throitiſche; Daphnä Peluſii. 22. Leontopoliti-
ſche; Leontopolis (Tel Eſſabe). Im Delta an der
Weſtſeite der Sebennytiſchen Mündung des Nils lag
auch das Schloß der Mileſier, (Mileſiſche Mauer),
wo eine griechiſche Kolonie ſich niedergelaſſen hatte.

---

*) Darüber ſehe man Bruce Reiſen zur Entd. der
Quellen des Nils III. S. 652, mit Herrn Prof. Tychſens
Anmerkungen, Th. V. S. 351. f.

d. Der öſtliche Theil Niederägyptens am arabiſchen
Meerbuſen. Hier die Diſtricte 23. von Arabien; St.
Peluſium (Tineh) der Schlüſſel von Aegypten,
wenn man zu Lande eindringen wollte, Phacuſa, von
wo ein Kanal in den Meerbuſen gieng. 24. Der
Athribitiſche; 25. der Bubaſtiſche; Bubaſtua
(Baſta) durch einen Dianentempel berühmt; 26 der
Pharbetiſche; Pharbeth (Belbeis). 27. Der He·
roopolitiſche; Patumos, oder Heroopolis (Pi·
thom). 28. Der Phagroriopolitiſche; am nörd·
lichen Ende des arabiſchen Meerbuſens lag Arſinoe
oder Cleopatris (Suez); 29. der Heliopolitiſche;
Heliopolis (Ain Schemes, Matarea), Babylon
(Babul, nachher Foſtat) an der Gränze zwiſchen Un·
ter- und Mittelägypten. Die Gegend um den Berg
Caſium, (wo eine kleine Stadt gleiches Namens, itzt
Katieh, und ein Tempel Jupiters) nicht weit von
Peluſium, hieß Caſiotis. Unweit davon war der
ſirboniſche See, und auf den äußerſten Gränzen
Aegyptens und Paläſtina's Rhinocolura (el Arish).
II. Das mittlere Aegypten, oder Heptanomis, weil
ehemals ſieben Diſtricte dazu gehörten. 30. Der
Memphitiſche; Memphis (Misr), Troja (Tora)
wie man ſagte von Trojanern erbauet; Buſiris (auf
der weſtlichen Seite, Abuſir); nicht weit davon fien·
gen die Pyramiden an: 31. der Arſinoitiſche; Ar·
ſinoe oder Crocodilopolis (Feijum); Ptolemais;
nicht weit davon der Labyrinth, und der See Möris
(Bathen). 32. Der Heracleopolitiſche; Hera·
cleopolis. 33. Der Oxyrynchitiſche, von der
Stadt Oxyrynchus (Behneſe); 34. der Cynopoliti·
ſche; 35. der Hermopolitiſche, von Groß-Her·
mopolis (itzt Aſchmunein); 36. der Aphroditopo·
litiſche, von Aphroditopolis. 37. Der Antinoiti·
ſche, von Antinoe. Hiezu werden nur noch 38. 39.
die große und die kleine Oaſia gerechnet, oder die
Diſtricte hinter dem libyſchen Gebirge, welche mit
Wüſteneyen umgeben waren. III. In dem obern

Aegypten, **Thebais** (Said) genannt, werden fol-
gende Nomen erwähnt.   40. Der **Lycopolitische**
District; die Hauptstadt war **Lycopolis** (Siut oder
Ossiut); 41. der **Hypselitische** auf der westlichen
Seite des Nils; Hypselis oder Hypsela (Sioth),
Abotis (Abutiq); 42. der **Aphroditopolitische**
von **Aphroditespolis** (Venusstadt) am westlichen
Nilufer (Itfu); 43. der **Antäopolitische** von
Antäopolis auf der Ostseite des Nils (Kauil-Kub-
bara); 44.   Der **Panopolitische** von Pa-
nopolis (Pans Stadt, ehemals Chemmis, ist Ef-
min) am östlichen Ufer des Nils; 45. der **Thiniti-
sche**, von der ehemaligen Stadt This; seit den Zeiten der Ptolemäer war hier eine große Stadt **Ptolemais Hermii** (Menschlr); nicht weit vom westlichen
Nilufer lag **Abydus** (Madfune); 46. der **Diospo-
litische** von Klein **Diospolis** (How); 47. der **Ten-
tyritische** von **Tentyra** (ist Dendera); 48. der
Coptische, von **Coptos** (Kost oder Kist) einer beträchtlichen Handelsstadt, wohin die ostindischen
Waaren gebracht wurden; 49. der **Thebaische**, von
Thebä oder Groß **Diospolis** (Luxor, Carnak), von
welcher ältesten und prächtigen Stadt Aegyptens noch
Ueberbleibsel vorhanden sind; 50. der **Phaturitische**
von **Phaturis** oder Tathyris; 51. der **Hermon-
thitische**, von **Hermonthis** (Erment, oder Beled
Musa, d. i. Mosis Geburtsort); **Crocodilopolis**
(Atribe); 52. der **Apollinopolitische** von **Apol-
linopolis** (Etfu); **Latopolis** (Essneh), **Hiera-
compolis**, **Ilithyia**, und andere Städte mit griech.
Namen werden noch von diesem Nomos angeführt;
53. der **Ombitische** von **Ombos** (Kum-Ombo).
Auf der Gränze zwischen Aegypten und Aethiopien
am östlichen Nilufer lag **Syene** (Assuan).   Nicht
weit davon auf einer Insel im Nil **Elephantine**
(Dschesirat el Saq).   Weiter hinauf ist mitten im
Nil der große Wasserfall, und oberhalb desselben auf
einer Nilinsel **Philä** (Hessa).   Am arabischen Meer-

bufen hatte Ptolemäus Philadelphus die Stadt Be- renice für den oſtindiſchen Handel angelegt. Ein an- derer von ihm eingerichteter Hafen war Philoteras oder Philoteris (welches das heutige Koſſair ſeyn ſoll). In ſpätern Zeiten wurde der Hafen Myos Hormos (Sufandſch ul Bahri) für den oſtind. Han- del eingerichtet.

Aethiopien über Aegypten (Abyſſinien, Nubien) war den Griechen wenig bekannt. Die Inſel Meroe (das heutige Atbara oder die Landſtrecke zwiſchen dem Zuſammenfluß des Nils und Tacazze, ſ. Bruce Reiſen IV. | 543. ſſ. V. 271.), die Stadt Saba (Azab), und in ihrer Nähe Berenice, werden von Strabo vorzüglich erwähnt. Von Libyen war es beſonders die Cyrenäiſche Landſchaft oder das Land der fünf Städte (Pentapolis), das den Griechen merkwürdiger ſeyn mußte, weil es mit ihren Pflan- zungen beſetzt war. Die fünf Städte waren Apollo- nia, der Hafen von Cyrene, (Marza Suſa), Bar- ce oder Ptolemais (Barca Tolometa); wiewohl nach einigen dieß zwey verſchiedene Städte waren, Arſi- noe oder Tauchira (Teufera), Heſperis, nachher Berenice (Bernic), Cyrene. Eben ſo waren auch das eigentliche Africa (mit ſeinen Landſchaften, der Syrten, Byzacium, Zeugitana) Numidien, Mauritanien und das innere Africa den Griechen weniger als den Römern bekannt, und jene ſtanden mit ihm in faſt gar keiner Verbindung, wenn man die griechi- ſchen Colonien in Sicilien und Africa in Anſehung Carthago's, und die ſpätern Zeiten nach Alexander ausnimmt.

Vierter Zusatz.

Ueber die Münzen, Maaße und Gewichte der Griechen, und vornemlich der Athenienser, im Verhältniß zum heutigen.

Die genauern Untersuchungen, welche in neuern Zeiten angestellt worden sind, und die Veränderungen
Verhältnisses und Gehalts neuerer Münzen, Gewichte und Maaße haben ältere bekannte Schriften, in denen
diese Gegenstände abgehandelt worden sind, z. B. das
Buch von Eisenschmid, und andere, die ihm folgen, fast unbrauchbar gemacht. Carl Arbuthnot
hat zuerst verschiedene Angaben berichtigt, und seine
Tafeln behalten noch ihren Werth, obgleich das Verhältniß des heutigen englischen Geldes sich merklich
verändert hat *). Seine Berechnungen sind auch von
mehrern zum Grunde ihrer neuen Forschungen gelegt
worden **). Zween französische Gelehrte, beyde durch
ihre Kenntnisse sowohl als durch die Hülfsmittel, welche sie besaßen, in den Stand gesetzt, mehrere Ge-
nauigkeit in die Bestimmung des Gehalts der gr. Münzen und Maaße zu bringen, Rome de l'Jsle und
Barthelemy haben diesem Theile antiquarischer
Untersuchungen neues licht gegeben †). Nach diesen

---

*) Caroli *Arbuthnot* Tabulae antiquorum nummorum,
mensurarum et ponderum, pretiique rerum venalium,
variis differtationibus explicatae et exemplis illuftratae,
ex Anglica in linguam latinam conuerfae, Opera Dav.
Königii, Lugd. Bat. 1764. 4.

**) z. B. Herr Past. Rambach in den Abh. von den
Münzen der Griechen, und vom Gewicht und Maaß der
Griechen, in f. Archäologischen Untersuchungen, oder dem
dritten Theil von Potters Archäologie, S. 69. ff.

†) Métrologie ou Tables pour servir à l'intelligence
des poids et des mesures des anciens et principalement
à déterminer la valeur des monnoies Grecques et Romai-

Vorgängern soll nur so viel hier beygebracht werden, als zum Verständniß mancher historischer Nachrichten dieses Werkes nöthig ist.

I. Münzen der Griechen, vornemlich der Athe-
nienser.

I. Wirkliche Münzen. Die kleinsten Münzen,
deren man sich bediente, waren Λεπτόν der siebente
Theil vom Chalcus; Χαλκοῦς der sechste Theil des
Obolus; diese waren von Kupfer — Obolus von
Kupfer und Silber, der sechste Theil der Drachme. Größere: die Drachme, von Silber, auch
von Gold (der hundertste Theil einer attischen Mina)
in verschiednen Gattungen. Rome' zählt vierzehn
verschiedne Arten der Drachmen auf: die Peloponnesische oder von Aegium, die leichteste (60 Gr. franz.
Gew. 66, 3. Cölln. Asse. 4 bis 4 Gr. 3 Pf.); die kleine
Attische, (63. Gr. fr. Gew. 69, 6 Cölln. Asse, 4 Gr. 2 bis
7 Pf.); die Euböische (4 Gr. 9, 6 Pf.); die tyrische
oder phönicische; die ionische oder die von Ephesus;
die von Creta oder Chios; die attische Mitteldrachme
(1. Gros, 6 Gran franz. Gew. 1 Quentg. 10 Asse
Cöll. G. 5 Gr. 2, 4 Pf.); die attisch-sicilische Drachme; die große Attische oder Corinthische Drachme
(5 Gr. 7, 2 Pf.); die Drachme von Istrus; die

nes, d'après leur rapport avec les Poids, les Mésures
et le Numéraire actuel de la France, par M. de Romé
de l'Isle, Par. 1789. 4. Metrologische Tafeln über die
alten Maaße, Gewichte und Münzen Roms u Griechenlands
nebst dem Verhältniß derselben gegen bekannte französische
und deutsche, nach Hrn. Rome' de l'Isle von G. Große.
Mit einigen Berichtigungen von Hrn. Hofr. Kästner. Braun-
schw. 1792 8.
Voyage du jeune Anacharsis en Gréce dans le milieu
du IV. Siecle avant l'ére vulgaire; Tables am letzten
Bande (dem 5. der Ausg. zu Herve), bey der deutschen
Ueberf. des Hrn. D. Biester, am 7. Bande.
Ueber die Münzen vergl. man noch Hrn. Abt Eckhel
in den Prolegg. zur Doctrina numorum vett. T. I, P. I,
p. XXXIV. ff.

Drachme von Pylos oder Ells (6 Gr. 4,8 Pf.); die Drachme von Rhegium oder Naxos; die von Alexandrien; die Drachme von Aegina (9 Gr. 4 Pf.). Eben so verschieden mußte auch der Werth der Theile der Drachme oder der kleinern Münzen seyn.

Unter den Athenensischen Drachmenstücken, sind die **Tetradrachmen** (vier Drachmen), die, welche am häufigsten vorkommen, und mit welchen die meisten Untersuchungen haben angestellt werden können, wobey aber immer etwas auf die Abnutzung oder Beschädigung zu rechnen ist. Barthelemy (VII. Th. d. Ueberf. S. LXXIII.) unterscheidet 1. ältere Tetradrachmen, welche gewöhnlich 324 Gran (320 Eschen Cölln. Gewicht) hatten, und von fast reinem Silber waren, so daß die Mark des Silbers, woraus sie bestanden, 13 Thl. 4 Gr. 3 Pf. innern Werth hat. Dieß würde das Tetradrachmon = 22 Gr. 9⅔Pf. die Drachme = 5 Gr. 8⅔ Pf. geben; 2. spätere Tetradrachmen, die bey weitem gewöhnlicher sind; die gewogenen sind von 306 bis 320 Gran; dieß giebt eine Mittelzahl von 316 Gran, und da nicht nur das Schrot, sondern auch das Körn des Tetradr. verringert worden ist, so wird ein solches Tetradrachmon = 21 Gr. 7 bis 8 Pf. eine Drachme = 5 Gr. 4 bis 5 Pf. anzusetzen seyn.

Der goldne **Stater** von 2 Drachmen, und der silberne von 4 Drachmen werden auch erwähnt.

2. Eingebildete Münzen waren: a. die **Mina**, eben so verschieden, als die Drachmen, nach den Gegenden; die euböische Mina wurde der attischen gleich geschätzt, und bestand, nach einem Solonischen Gesetz, aus 100 Drachmen. b. Das euböische oder attische **Talent** (τάλαντον — denn man kennt auch ein corinthisches, äginetisches, babylonisches u. f. f.) hatte 60 Minen, oder 6000 Drachmen. Das schwerere Talent betrug nach Barthelemy 1425 Thl. das leichtere 1350 Thl. Die Griechen bedienten sich auch eigner Worte, welche mehrere Talente zugleich ausdrückten, z. B. ἐπιτάλαντον.

Tabelle zur leichtern Vergleichung der Münzen.

	Barthel.	Rome'n. u. Große. Klein. Dr.	Attische Mittedrachm.
Obolus Drachme	10½ Pf.	10½ Pf.	10 Pf.
Drachme	5 Gr. 4¾ Pf.	4¾ Pf.	5 Gr. 2,4 Pf. (5 Gr. 8 Pf. 20 Guld. fuß)
2 Drachmen	10 Gr. 2⅜ Pf.	8 Gr. 4,8 Pf. (9 Gr. 2 Pf.)	10 Gr. 4,8 Pf. (11 Gr. 4 Pf.)
3	16 Gr. 2⅜ Pf.	12 Gr. 7,2 Pf.	15 Gr. 7,2 Pf.
4	21 Gr. 7½ Pf.	16 Gr. 9,6 Pf.	20 Gr. 9,6 Pf.
5	1 Thl. 3 Gr.		
10	2 Thl. 6 Gr.		
40	9 Thl.		
100 Dr. oder 1 Mine	22 Thl. 12 Gr.	17 Thl. 12 Gr. (19 Thl. 2 Gr. E. Münz. 20 Guld. auf bis Cölln. Dr.	21 Thl. 16 Gr. (23 Thl. 16 Gr. nach dem 20 Guld. fuß)
10 Minen	225 Thl.		
20	450 Thl.		
50	1125 Thl.		
60 Minen oder 1 Talent	1350 Thl.	1050 Thl. (1145 Thl.)	1300 Thl. (1420 Thl. nach rum der Zahl.)
2 Tal.	2700 Thl.		
5	6750 Thl.		
10	13500 Thl.		
20	27000 Thl.		
50	67500 Thl.		
100	135000 Thl.		
1000	1,350000 Thl.		
10000	13,500000 Thl.		

Die große Attische Mine wird zu 23 Thl. 8 Gr. den Liv. zu 6 Gr. und das große Talent zu 1400 Thl. 8 Gr.; nach dem 20 Guld. die große Mine 25 T. 12 Gr. das Tal. zu 1530 Thl angeschlagen.

II. Th.

II. Gewichte.

Dieselben Namen wurden gebraucht, die Gewichte anzuzeigen, welche bey den Münzen schon vorgekommen sind. Das Talent hatte 60 Minen, und war nach den verschiedenen Gegenden, verschieden: das kleine Attische oder gemeine Talent hatte eigentlich 60 kleine attische Minen, oder 45 große, 41. Pf. 2 Gros franz. Gew. 43 Pf. 1 Quentch. leipz. Gew. — Das große Attische oder Corinthische Talent hatte 1½ kleine Talente, 54 Pf. 11 Unzen fr. Gew. 57 Pf. 10 loth 2 Quentch. l. Gew. — Außer diesen gab es noch ein syrisches Talent zu 14 Pf. 10 l. 3 Qu. l. G., ein ägyptisches, die Hälfte vom Attischen 28 Pf. 21. l. 2 Qu., das Babylonische 50 Pf. 5 l. 2 Qu., das von Rhegium, das Alexandrinische, das von Aegina zu 95 Pf. 18 l. l. Gew.

Eben so war die Mine von verschiednem Gewicht: die kleine attische Mine hielt 100 kleine attische Drachmen, 75 große, 22 loth 3 Qu. leipz Gew., die große attische Mine bestand aus 100 großen Drachmen oder 133⅓ kleinen, 30 l. 2 Qu., die äginetische machte 1⅔ gr. att. Minen 1 Pf. 18. l. 3 Qu. Die übrigen bekannten Minen sind die syrische, ägyptische, oder rhodische, die babylonische, alexandrinische, die von Rhegium ꝛc. deren Gewicht sich nach den Angaben des Talents leicht bestimmen läßt.

Die Drachme war der 100ste Theil der Mine; es gab eine kleine attische Drachme, und eine große, welche 1½ kleine Drachmen wog, oder etwas über ein Quentchen leipz. Gew. Die Drachme selbst enthielt sechs Obolos, der Obolus hatte 8 Chalkus (Χαλκοῦς), der Chalkus sieben Lepta (Λεπτόν). Bey dem Medicinalgewicht kommen noch einige Theile der Drachmen und Namen kleiner Gewichte vor, die man sonst nicht findet. Zur Vergleichung des griech. Handelsgewichtes mit dem Cöllnischen dienen folgende Angaben im deutschen Barthelemy:

1 Drachme	= 1 Du. 11⅓ Aß Cölln. Gew.
4 —	= 1 Loth 45⅓ Aß
5 —	= 1 L. 1 Qu. 56⅓ Aß
10 —	= 2 L. 3 Qu. 37⅓ Aß
50 —	= 14 L. 1 Qu. 34⅓ Aß
1 Mine (100 Dr.)	= 28 L. 2 Qu. 69⅓ A.
2 Minen	= 1 Pf. 25 L. 1 Qu. 62⅔ Aß
10 Minen	= 8 Pf. 31 L. 1 Qu. 9⅓ Aß
60 Min. (1 Tal.)	= 53 Pf. 27 L. 2 Qu. 56 Aß
2 Talente	= 107 Pf. 23 L. 1 Qu. 36 Aß
10 Talente	= 538 Pf. 20 L. 3 Qu. 28 Aß
100 Talente	= 5386 Pf. 16 L. 1 Qu. 52 Aß.

III. Maaße.

1. Längenmaaße.

Der griechische Fuß wurde in den gemeinen und den olympischen getheilt. Jener war etwas kleiner als dieser, den Rome' und Barthe'lemy zu 11 Z. 4 Lin. $\frac{20}{100}$ L. Paris. Maaß berechnen (11 Zoll 8$\frac{7}{10}$ Linien Rheinländ.) Er enthielt 16 Fingerbreiten (Δάκτυλος) 4 Palmen (die Palme, δοχμή, hatte 4 dactylos). Die Spithame, Spanne (σπιθάμη) war $\frac{2}{3}$ eines Fußes. Die Elle (πῆχυς) betrug anderthalb Fuß (24 Dactylos), die Pygme aber war ungefähr ¾ Mittelelle (20 Dactyli). Sechs geometrische Fuß machten eine Orgyie (ὄργυια) welche gleich war 3 heiligen Ellen, 4 Mittelellen, 5$\frac{5}{7}$ olymp. Füßen, 4 F. 6 Z. 3. 5 L. Paris. Maaß. Hundert geometr. Fuß machten ein Plethrum (πλέθρον) aus, = 16⅔ Orgyien, 66⅔ Mittelellen, 90 olymp. Fuß, 112½ pythische Fuß, 14 Toisen, 1 F. 6 Zoll. Par. M., 7°,38 Rheinl. Sechs Orgyien, oder eigentlich 600 olympische F. 666⅔ geometr. F. 625 röm. Fuß werden auf ein Stadium gerechnet. Die Sta-

dien waren verschieden. Rome' giebt folgende acht
Hauptstadien an: 1. Olympisches 95 Toisen 8 Zoll
Par. M. (deren 8. eine röm. Meile ausmachten) in
Rheinl. Decimalmaaße 49°2', (nach Barthel. nur
94½ Toisen, nicht völlig 49 Rheinl. Ruthen) 2. Py-
thisches oder Delphisches = 75 Toif. 3 F. 7 Z. 38°5'
Rheinl. (10 pyth. Stad. auf die römische Meile) 3.
Kleines Stadium, oder Stadium des Aristoteles
51 Toif. 1 F. 1$\frac{23}{100}$ Z. 26°,5' Rheinl. 4. Stadium des
Cleomedes 68 Toif. 2 F. 10$\frac{46}{100}$ Z. 35°,4' Rheinl.
5. Stadium des Eratosthenes 81 Toif. 4 F. $\frac{49}{50}$ Z.
43°5' Rheinl. 6. Nautisches oder persisches Stadium
85 Toif. 3 F. 7$\frac{20}{100}$ Z. 44°,3' Rheinl. 7. Phileteri-
sches oder königl. Stadium 107 T. 4 F. 11 Z. 55°,8'
Rheinl. 8. Aegyptisches Stadium, oder alexandri-
nisches 114 T. 9 Z. 7$\frac{1}{10}$ L., 590 Rheinl.

Es gab auch einen besondern Namen für das dop-
pelte Stadium, δίαυλος. Der Dolichos hatte 18
pythische Stadien. In frühern Zeiten haben die Griechen schon manche ausländische Längenmaaße, z. B.
die Persische Parasange, Παρασάγγης, welche Herodotus 30 Stadien (27. olympischen) gleich schätzt, und
den ägyptischn Schönus, σχοῖνος, = 1½ Parasangen,
36 olymp. 40 nautische angenommen, 45 pyth. Stadien, nach Rome, und in spätern auch römische angenommen, wie das μίλιον (milliare).

Vergleichung der gr. Längenmaaße mit heutigen.

Nach Barthel.

1 Gr. Fuß	11 Z 4 Lin. Par.	11 Z. 87⅛ L. Rheinl	
2 —	1 Fuß, 10 Z. 8 L.	1 F. 11 Z. 5⅞ L.	
10 —	9 F. 5 Z. 4 L.	9 F. 9 Z. 3 L.	
100 —	94 F. 5 Z. 4 L.	97 F. 8 Z. 6 L.	
1 Stadium	94¼ Toisen	49 Rheinl. Ruthen	49 Ruth.
2 Stadien	189 —	98 —	6 F. nach
10 —	945 —	490 —	Eisen-
50 —	4725 —	2450 Rh.R. (ideut. sche M. u. 233 R.	schmid u. Potter.
100 —	9450 —	4900 — 2 d. M. 956 Ruth.	
1000 —	87 fr. Meilen u. 2000 Toisen.	24 Meilen 1672. R.	

2 Gefäßmaaße,

Bey flüssigen Sachen werden vornemlich folgende Maaße erwähnt: Metreta (μετρητής, cadus) ein
gewisses cubisches Maaß, oder cubirter Fuß, (nach
Größe bey Rome' gleich 23, 813 Dresdn. Kannen)
enthielt 12. Choas; der Chous (χοῦς) congius 12. Th.
eines Metreta faßte 6 ξέςας (sextarios) oder 12 coty-
las (heminas) in sich; der cyathus war der sechste
Theil einer Κοτύλη, der zwölfte eines Ξέςης; die con-
che (κόγχη) war ein halber Cyathus. Das kleinste
Maaß flüssiger Dinge κοχλιάριον enthielt den 10ten
Theil eines Cyathus.

Die vornehmsten Getraidemaaße der Athenienser
waren medimnus (μέδιμνος) nach Rome 2268 Parif.
Cubik Zoll 108 röm. Pfunde. Er enthielt 6 Modios
(ἕκτευς). Die Medimnen anderer griech. Staaten
waren von verschiedner Größe. Der Chönir (χοῖνιξ)
war der 48ste Theil eines medimni. 192 κοτύλαι machten einen Medimnus aus, und diesen waren gleich 1152.
Cyathen, 11520 cochlearia.

Register

der merkwürdigsten Namen und Sachen in diesen
beiden Bänden.

(Die römische Zahl zeigt den Band, die arabische die Seite.)

A.

Abdalonymus, ein armer Sidonier, wird zu seinem
größten Erstaunen zum König gemacht, II. 104.

Abisares, ein Indinischer König, leistet dem Alexander
Huldigung, und schickt ihm Geschenke, II. 154

Achaien, strebt nach der Oberherrschaft Griechenlands
II. 258. Nachricht von der Verfassung und dem Bunde
der Achäischen Republik II. 259.

Achäer, machen den Aratus zum Oberhaupt ihres
Bundes II. 262 erklären den Spartanern den Krieg II. 267.
Wollen die Eleer züchtigen, ebend. Suchen beym Cleomenes um Friede an 268. Machen den Antigonus zum
Haupt ihres Bundes 269. überfallen Argos und erhalten
ihr Uebergewicht im Peloponnes wieder 270. Setzen ihre
kriegerischen Unternehmungen unter Philopömen fort 278.
Schlagen die Armeen von Aetolien und Elis gänzlich 279.
Sie werden von den Römern einer Verbindung mit dem
König von Macedonien beschuldigt 296. Ungefähr tausend vornehme Achäer werden als Gefangene nach Italien
gebracht 297. Ihr Bund durch eine römische Verordnung
aufgelöset 299. f.

Akrisius, f. Akrissus.

Ada, Königinn von Karien, wird vom Alexander in
ihr Königreich wieder eingesetzt, II. 81

Admetus, König der Molosser, verspricht dem Themistokles seinen Schutz, I. 150

Aegialeus, erster König von Sicyon, I. 4

Aegineter, weigern sich diejenigen auszuliefern, die sie
zur Empörung aufgewiegelt hatten, I. 79. Werden vom
Leotychides dadurch bestraft, daß er zehn ihrer Bürger
den Atheniensern in die Hände liefert, 80. Beklagen sich
über die Härte ihrer Behandlung, Ebendas. Entschlies-
sen sich, durch Gewalt sich Recht zu schaffen, Ebend.
Werden in verschiednen Gefechten geschlagen, Ebend.

Aegypten, wird vom Alexander erobert, II. 118

Aeschines, der Redner, dem Philipp ganz ergeben,
redet für ihn mit vielem Ungestüm, II. 20. Erreicht sei-

nen Zweck durch seine große Hitze und Geschicklichkeit, Ebend. Klagt den Ktesiphon an, 38. Widersetzt sich dem Detret, welches derselbe zum Vortheil des Demosthenes vorgeschlagen, Ebend. Verliert seine Sache, und wird wegen seiner unbesonnenen Anklage verbannt, 39. Läßt sich zu Rhodus nieder, und errichtet daselbst eine Schule der Beredsamkeit, Ebend. Merkwürdige Worte von ihm, Ebend. Seine Ausrufung über das edle Betragen seines Nebenbuhlers, Ebend.

Aeschylus, ein Trauerspieldichter, I, 264..

Aetolier beschweren sich über die vom Macedonischen Statthalter zugestandnen Bedingungen II. 194. Gehen ins Feld, werden vom Antipater und Craterus geschlagen, machen Friede, greifen Macedonien mit einer furchtbaren Armee an, bringen den Polycles, der sie in ihrem Laufe aufhielt, zum Gefecht, in welchem er besiegt und erschlagen wurde 195. Ihr eiliger Rückzug nach Aetolien auf die Nachricht vom Einfall der Acarnanier in ihr Land, Ebend. Ihre Truppen unter Menon in Thessalien werden vom Polyperchon geschlagen; sie machen Friede, 196. Streben nach der Oberherrschaft in Griechenland, 264. und flößen den Spartanern ähnliche Gesinnungen ein, 265. verwüsten die Achäische Küste, brechen wieder ein, erobern Cynätha, und ermorden die meisten Einwohner, 272. Greifen Macedonien an, und fallen in Achaien ein, 273. Schließen mit den Römern einen Traktat, 276. Zacynthus wird unter ihre Herrschaft gebracht, Ebend. Werden in zwey Gefechten von Philipp besiegt und setzen doch den Krieg fort 277. Fordern den Antiochus von Syrien auf, die Freyheit Griechenlands zu retten 284. f. Verwerfen die Anerbietungen der Römer 285. Müssen sich unterwerfen, erneuern den Krieg, und sind gezwungen, sich den Römern zu ergeben 285 — 288.

Agesilaus, König von Sparta, wird mit einer Armee nach Asien geschickt, I. 317. Ersicht einen herrlichen Sieg über den Tissaphernes am Flusse Pactolus, Ebend. Erobert des Feindes Lager, und findet große Beute, Ebd. Erhält Befehl, aus Persien zurückzukehren, 318. Gehorcht augenblicklich dem Befehl, Ebend. Erhält einen ansehnlichen Sieg über die Athenienser und ihre Bundesgenossen, auf den Ebnen von Coronea, 319. Wird zum General der Armee erwählt, die griechischen Staaten zu demüthigen, 324. Jagt den Atheniensern mit seinem bloßen Namen Schrecken ein, und vermehrt ihre Furcht durch die Menge seiner Truppen, Ebend. Schickt einen

Haufen leichtbewaffneter ab; um sie zum Treffen zu reitzen, 325. Da er sie bereit findet, ihn auf eine neue Art zu empfangen, zieht er seine Armee zurück, und begnügt sich, das Land zu verwüsten, Ebend. Nach der Niederlage der Lacedämonier unter Anführung des Kleombrotus, wird ihm eine große Macht in die Hände gegeben, 336. Rettet durch ein großmüthiges Mittel die Bürger von der Schande, Ebend. Seine Ausrufung, als man ihm den Epaminondas zeigte, 337. Führt die Truppen der Spartaner gegen ihn an, 342. Da er von seinem Vorhaben, die Stadt Sparta zu überfallen, Nachricht erhält, schickt er einen seiner Reuter ab, sie von ihrer Gefahr zu benachrichtigen, Ebend. Bietet allenthalben dem Thebanischen General die Spitze, und vertheidigt sich mit größerer Tapferkeit, als sich von seinen Jahren erwarten ließ, Ebend. Macht einen Feldzug in Aegypten, 350. Stirbt daselbst, Ebend. Sein Lob, 351.

Agis, König von Sparta, stößt das wieder um, was seine Vorgänger zum Besten der Landleute angeordnet hatten, und legt ihnen einen Tribut auf, I. 13. Wird bestraft, und bekömmt einen Verweis, weil er mit seiner Gemahlinn zu Hause gespeist, 22. Nimmt ein nachtheiliges Anerbieten der Argiver an, und bewilligt ihnen einen Stillstand, 199. f. Rückt mit einer großen Armee an, Athen zu Lande zu belagern,   261

Agis II. König von Sparta, Sohn des Archidamus, sein Character, II. 178. Sein Benehmen bey verschiedenen wichtigen Vorfällen, Ebend. Nimmt aus Persien entflohene griech. Miethtruppen in Sold, unterhält einen Briefwechsel mit dem König von Persien, erhält von ihm Geld und stiftet eine mächtige Verbindung in Griechenland, segelt nach Kreta und befestigt dort die spartan. Herrschaft, 179. Befördert den Abfall der Griechen, rückt gegen Megalopolis, wird von Antipater geschlagen, und kommt fechtend auf den Knieen um, 180. f.

Agis, III. König von Sparta, wird, weil er die alte Verfassung und Einfalt der Sitten in Sparta wieder herstellen, will ermordet,   II. 266.

Akrisius, König von Argos, wird von seinem Enkel Perseus unglücklicher Weise erschlagen,   I. 4

Alcibiades, wird in der Schlacht bey Potidäa von seinem Lehrer Sokrates am Leben erhalten, I. 195. Beweist sich als ein Feind des Friedens; Seine merkwürdige Vertraulichkeit mit dem Sokrates, 196. Hat einen Widerwillen gegen die Lacedämonier, 197. Hält eine Zusammenkunft mit den Lacedämonischen Abgesandten, 198.

Wird zum General ernannt, 199. Erhält mit dem Nicias und Lamachus das Kommando der Flotte, 201. Wird während seines Feldzuges in Sicilien von seinen Feinden zu Hause angegriffen; wird zurückberufen; gehorcht dem erhaltenen Befehl mit anscheinender Unterwürfigkeit; landet zu Thurium; verschwindet und entwischt den Nachforschungen derer, die ihn aufsuchen, wird wegen seiner Halsstarrigkeit zum Tode verdammt; seine Antwort, als er dieses hört, 206. Schickt nach Samos, um die Gesinnungen seiner Landsleute auszuforschen; erbietet sich auf besondere Bedingungen nach Athen zurückzukehren, 242. Seiner Rückkehr widersetzt sich vornehmlich Phrynichus, 243. Wird von der Armee zurückberufen, und zum General mit unumschränkter Gewalt erwählt, 244. Zeigt sich dem Tissaphernes, rettet sein Vaterland, 245. Wird mit einmüthiger Bewilligung zurückberufen, 246 Hintergeht den Spartanischen Admiral, Ebend. Erhält einen ansehnlichen Sieg, und errichtet ein Siegszeichen, 247. Besucht den Tissaphernes, wird unvermuthet von demselben in Verhaft genommen, und nach Sardes geschickt, Ebend. Entwischt nach Klazomene, Ebend. Stößt auf die Peloponnesische Flotte; durchbricht den Feind, und richtet eine große Niederlage an, Ebend. Erobert verschiedne Städte, die von den Atheniensern abgefallen, Ebend. Segelt nach Athen, 248. Sein triumphirender Einzug, Ebend. Wird zum Generalissimus ernannt, 249. Segelt nach der Insel Andros, Ebend. Geht von da nach Samos, Ebend. Setzt die Lacedämonier durch sein Glück in Furcht, Ebend. Ueberläßt das Kommando seiner Flotte dem Antiochus. 250. Wird von seinen veränderlichen Landsleuten der Unfähigkeit angeklagt, 251. Seine Vorstellungen an die Atheniensischen Generale, 257. Erbietet sich, den Feind zu Lande anzugreifen, Ebend. Entfernt sich, ohne etwas auszurichten, Ebend. Nimmt seine Zuflucht nach Persien, und thut alles mögliche, den Tractat zwischen dem Cyrus und den Lacedämoniern zu vereiteln, 269. Seine patriotischen Absichten werden durch die dreyßig Tyrannen vereitelt, 270. Er wird grausamer Weise in einem Phrygischen Städtchen ums Leben gebracht, Ebend. Sein Lob, Ebend.

Alcmäoniden, s. Alkmäoniden.

Alexander, von Pherä, bemächtigt sich der Regierung, nachdem er den Polyphron ums Leben gebracht, I. 340 Sucht sich zu rächen, Ebend. Nimmt den Pelopidas, der als Gesandter zu ihm kömmt, in Verhaft, gegen das Völkerrecht und die Menschlichkeit, begegnet seinem The-

banischen Gefangenen mit äußerster Härte, wird vom Pelopidas geschlagen, 341. Von seiner Gemahlin und
Brüdern ermordet, Ebend.
Alexander, Philipps von Macedonien Sohn, bekömmt
im funfzehenten Jahre seines Alters unumschränkte Gewalt, II. 15. Giebt einige Proben seiner Tapferkeit,
Ebend. Bezwingt einige benachbarte Staaten, die sich
empört hatten, Ebend. Begleitet seinen Vater auf dem
Scythischen Feldzuge, 19. Bedeckt ihn mit seinem Schil-
de, da er in dem Treffen mit den Triballiern verwundet
wird, Ebend. Schlägt alle, die ihn angreifen, in die
Flucht, Ebend. Fällt, an der Spitze der Macedonischen
Edlen, die heilige Schaar der Thebaner mit allem Ungestüm jugendlicher Tapferkeit an, 30. Macht seinem Vater Philipp Vorstellungen gegen seinen Entschluß, sich von
der Olympias zu scheiden, und mit der Kleopatra zu ver-
mählen, 40. Sein Unwillen über die Vermählungsfeyer-
lichkeiten, wodurch seine Mutter beschimpft wird, Ebend.
Wird durch das Betragen des Attalus, der neuen Königinn Onkel, aufgebracht; sein ungebührliches Betragen,
41. Besteigt den Macedonischen Thron, 48. Seine
herrschende Leidenschaft, Ebend. Eine charakteristische
Anekdote von ihm, 49. Bezeugt große Hochachtung gegen seinen Lehrer Aristoteles, 51. Seine große Liebe zur
Philosophie, Ebend. Studiert besonders die Moral
ernstlich, Ebend. Legt sich mit Eifer und Glück auf die
feinere Litteratur, 52. Findet sich, bey seinem Regiments-
antritt, mit großen Gefahren umgeben, 56. Entschließt
sich, die Anschläge seiner Feinde zu Schanden zu machen, Ebend. Gewinnt sich die Liebe der Macedonier
dadurch, daß er sie von einer körperlichen und beschwerli-
chen Sclaverey befreyt, Ebend. Entschließt sich seine
Absichten durch Unerschrockenheit und Großmuth durch-
zusetzen, Ebend. Besiegt den König der Triballer in einem großen Treffen 57. Jagt die Geten bey seiner Annäherung in die Flucht, Ebend. Bezwingt verschiedne
barbarische Nationen, Ebend. Macht die Eroberung
Persiens zum ersten Gegenstande seiner Aufmerksamkeit,
58. Wird zu einem neuen Unternehmen abgerufen; sieht
sich genöthigt, seine Waffen erst gegen die Griechen zu
kehren, Ebend. Führt mit erstaunlicher Schnelligkeit
seine Armee gegen dieselben an, 59. Setzt die Thebaner
durch seine Erscheinung in Böotien in Schrecken, Ebend.
Macht für Alle, die zu ihm übertreten würden, einen allgemeinen Pardon bekannt, Ebend. Findet es unmöglich, durch Friedensanerbietungen die Thebaner zum Ge-

horfam zu bringen, Ebend. Ift bekümmert darüber, daß
er fich genöthigt fiehet, die Sache mit Gewalt auszuma-
chen, Ebend. Erobert die Stadt Theben, und plündert
fie, 60. Wird durch die Antwort einer Thebanifchen Dame gerührt, die wegen Ermordung eines Thracifchen Of-
ficiers vor ihn geführt wird, Ebend. Erlaubt ihr, fich
mit ihren Kindern, wohin fie wolle, zu entfernen, 61.
Hält Kriegsrath, wie er mit Theben verfahren folle, Ebd.
zerftört es, 62. Setzt die Priefter, die Nachkommen des
Pindar, und einige andre, in Freyheit, Ebend. Wir-
kungen feiner plötzlichen Ankunft in Griechenland auf die
Athenienfer; äußerfte Beftürzung der Athenienfer über die
Plünderung von Theben, Ebend. Erhält eine Gefandt-
fchaft von ihnen, die ihn um Gnade anflehet, 63. Verlangt von den Athenienfern, daß fie ihm die zehn Redner
ausliefern, die das Bündniß gegen feinen Vater geftiftet,
Ebend. Steht von diefer Foderung ab, 64. Bezeugt
eine befondere Hochachtung gegen die Athenienfer, Ebend.
Verbreitet Schrecken durch ganz Griechenland; ruft die
verfchiednen Griechifchen Staaten zu Korinth zufammen,
um von ihnen das nehmliche Oberkommando gegen die
Perfer zu erhalten, welches fie feinem Vater übertragen
hatten, Ebend. Empfängt die Glückwünfche vieler Bürger und Philofophen wegen feiner Wahl, 66. Stattet
dem Diogenes einen Befuch ab. Seine Zufammenkunft
und Unterredung mit ihm, Ebend. Entfchließt fich, das
Orakel des Apollo um Rath zu fragen, eh' er nach Afien
abgeht. 67. Sein ungeftümes Betragen gegen die Prie-
fterinn, Ebend. Macht Anftalten zu feinem Feldzuge;
und hält einen Rath, Ebend. Bringt dem Göttern ein
prächtiges Opfer, und ftellt Schaufpiele an, 68. Bringt
die Macedonifchen Angelegenheiten vor feinem Abmarfch
in Ordnung; beftellt den Antipater zum Vicekönig, Ebend.
Seine merkwürdige Antwort an den Perdikkas, Ebend.
Marfchiert mit einer wohl difciplinirten Armee nach Afien
ab, Ebend. Fängt den Zug längs dem See Cercinum
an; geht über den Fluß Strymon; nachher über den Hebrus; giebt dem Parmenio Befehl, von Seftos nach Abydos überzufetzen; fetzt felbft über den Hellefpont, und
fteuert feine Galeere mit eigner Hand; flößt feiner Armee
durch fein unerfchrocknes Betragen Muth ein, 69. Entfchließt fich, die Stadt Lampfakus zu zerftören; empfängt
Befuch von dem Anaximenes, einem Eingebornen des Orts,
71. Findet die Perfer bereit, ihm den Uebergang über
den Granikus, als er an deffen Ufer kömmt, ftreitig zu
machen, 72. Marfchiert in Schlachtordnung an, 73.

Parmenio giebt ihm den Rath, sich zu lagern; welchen er
aber verwirft, Ebd. Macht seine kriegerischen Anordnungen mit Kopf, 74. Schlägt die Perser zurück, geht mit
seiner ganzen Armee über den Fluß, und greift den Feind
von allen Seiten an, Ebend. Fällt auf den dicksten
Haufen der Reuterey, 75. Zeichnet sich durch seine Erscheinung vornemlich aus; läßt sich mit dem Schwieger-
sohn des Darius in einen Zweykampf ein, und legt ihn
todt zu seinen Füßen, Ebend. Schlägt die Perser in die
Flucht, 76. Verliert durch seine ungestüme Hitze ein
Pferd, Ebend. Giebt dem Lysippus Befehl, Statuen
der Verstorbnen aus Erz zu verfertigen, 77. Trägt die
größte Sorge für die Verwundeten, Ebend. Erlaubt
den Persern, ihre vornehmsten Todten nach ihren Gebräu-
chen zu begraben, Ebend. Schickt drey hundert Schil-
de an die Athenienser, 78. Erobert Sardes, 79. Nimmt
die Einwohner in seinen Schutz, Ebend. Schenkt dem
Tempel der Diana zu Ephesus den jährlichen Tribut, welcher sonst den Königen von Persien bezahlt wurde, Ebend.
Erhält von den Städten Tralles und Magnesia Gesandten, mit den Schlüsseln dieser Städte, Ebd. Findet die
Thore von Miletus vor ihm verschlossen, und greift sie
an, 80. Nöthigt die Einwohner, nach einer langen und
hartnäckigen Belagerung, sich zu ergeben, Ebend. Begegnet den Milesiern mit größter Leutseligkeit, verkauft
aber alle Fremden, Ebend. Rückt in Karien ein, um
Halikarnaßus zu belagern, Ebend. Findet einen muthigen Widerstand, 81. Schleift die Stadt bis auf den
Grund, Ebend. Setzt die Königinn von Karien, Ada,
wieder in ihr Reich ein, Ebend. Die verschiednen Könige von Klein-Asien unterwerfen sich ihm, 82. Er eröffnet den nächsten Feldzug sehr früh, entschließt sich, die an
der See gelegenen Provinzen sich zu unterwerfen, Ebend.
Findet einigen Aufenthalt. Marschiert nach Celänd, einer
Stadt in Phrygien, erhält eine übermüthige Antwort von
der Besatzung, Ebend. Zwingt sie sich zu ergeben, 83.
Zerhauet den berühmten Gordischen Knoten, Ebend.
Bezwingt Paphlagonien und Kappadocien, 84. Geht
weiter gegen die Provinzen von Oberasien, und kömmt
nach Cilicien, Ebend. Kömmt in das Land, Cyrus Lager genannt, und geht durch den Paß von Cicilien, Ebend.
Seine Aeußerung darüber; Marschiert mit seiner Armee nach
der Stadt Tarsus, Ebend. Badet sich in dem Fluß
Cydnus, wird von einem Fieber befallen, und ohnmäch-
tig in sein Zelt getragen, 85. Einer seiner Aerzte bietet
sich, zu Verfertigung einer besonderen Arzney, drey Tage

Zeit aus, Ebend. Er ist nur deßwegen bekümmert, weil
er in drey Tagen nicht wird an der Spitze seiner Armee
erscheinen können, Ebend. Empfängt einen Brief von
dem in Cappadocien zurückgelassenen Parmenio, worinn
ihn derselbe vor seinem Arzt Philipp warnet, Ebend.
Er glaubt der Beschuldigung nicht, 85. Beweiset ein
sehr edles Zutrauen gegen den Philipp bey einer Unterredung, und genefet, Ebend. Marschiert von Tarsus nach
Batkriana, 90. (vergl. die Note) Bringt dem Aeskulap zu
Soli ein Opfer, Ebend. Geht weiter nach Pyramus, nach
Mallus, und endlich nach Kastabala, hört, daß Darius zu
Sochus in Affyrien im Lager stehe, Ebend. Entschließt
sich, ihm ohne Verzug entgegen zu gehen, 91. Befestigt
sein Lager, 92. Sein Betragen am Abend vor dem Treffen, Ebend. Beschreibung seiner Schlachtordnung, 93.
Spricht seinen Truppen Muth ein, 95. Erfüllt zugleich
die Pflicht eines gemeinen Soldaten, und eines Generals,
96. Wird an der Hüfte leicht verwundet, 97. Sieget
am rechten Flügel, Ebend. Schlägt die Perser in die
Flucht, 98. ladet seine vornehmsten Officiere nach dem
Treffen zu einem Schmause ein, 99. Wird durch die
Wehklagen der Gemahlinn und Mutter des Darius unter-
brochen, Ebend. Besucht die Verwundeten, und läßt
den Todten, im Angesicht der ganzen Armee, die letzten
Ehren erweisen, 100. Erlaubt der Mutter des Darius,
ihre Freunde auf Persische Weise zu begraben, Ebend.
Schickt eine Botschaft an die Königinnen und stattet ihnen in
ihrem Gezelt einen Besuch ab, Ebd. Hebt die Syfigambis, die
sich ihm zu Füßen geworfen hatte, auf, 101. Tröstet sie und
ihre Bedienung; nimmt den Sohn des Darius auf die Arme;
wird durch sein Betragen gerührt; sein eignes wahrhaft
heroisches Betnehmen dabey, Ebend. Macht den Parmenio zum Gouverneur von Phönicien, 102. Bekommt die
Schätze des Darius zu Damaskus, durch Verrätherey
des dasigen Gouverneurs in die Hände, Ebend. Seine
Antwort auf des Darius gebieterische Foderungen, 103.
Marschiert nach Phönicien, Ebend. Findet die Stadt
Byblos bereit, ihm ihre Thore zu öffnen, Ebd. Die Einwohner verschiedner Orte, unterwerfen sich ihm, so wie er
sich nähert, Ebend. Er entsetzt den König der Sidonier,
Strato, des Throns, 164. läßt den Abdolonymus,
den neuerwählten König, vor sich kommen, 105. Seine
Anrede an denselben, Ebend. Macht ihm ansehnliche
Geschenke, und vermehrt sein Gebiet durch eine der be-
nachbarten Provinzen, Ebend. Hält es für nöthig, die
Stadt Tyrus einzunehmen, 106. Läßt sich durch die

Hinderniſſe, die ihm ihre ſtarke Befeſtigung entgegenſtelle, nicht abſchrecken, 107. Schickt Herolde mit Friedens-vorſchlägen an die Tyrier; wird äußerſt gegen ſie entrü-ſtet, weil ſie ſeine Herolde ermorden, und von der Mauer in die See werfen; entſchließt ſich, die Stadt zu zerſtö-ren, Ebend. Setzt ihr zur See und zu Lande von allen Seiten zu, 108. Giebt ſeinen Galeeren Befehl, ſich den Mauern der Stadt um Mitternacht zu nahen, und ſie mit Nachdruck anzugreifen, 111. Seine Abſichten vereitelt ein Sturm, Ebend. Setzt den Angriff mit größerem Eifer als jemals fort, 112. Thut ſelbſt Wunder der Tapferkeit und Entſchloſſenheit, 114. Erhält einen zwey-ten Brief von dem Darius, mit anſehnlichen Anerbietun-gen, zu Loßkaufung ſeiner Gemahlinn, auch mit dem An-trage, ihm ſeine Tochter zur Gemahlinn zu geben, 115 Hält darüber Rathsverſammlung, 116. Seine merkwür-dige Antwort an den Parmenio bey dieſer Gelegenheit, Ebend. Marſchiert von Tyrus gegen Jeruſalem, mit dem Entſchluß, dieſe Stadt zu ſtrafen, Ebend. Sein Unwillen wird durch eine Proceſſion der Einwohner, die ihm entgegen gehen, entwaffnet, Ebend. Er begrüßt den Hohenprieſter an der Spitze derſelben mit religiöſer Verehrung, Ebend. Empfängt gute Wünſche für ſein Glück von den Juden, Ebend. Seine merkwürdige Er-zählung an den Parmenio bey dieſer Gelegenheit, 117. Er findet ein ſo großes Vergnügen über ſeine Aufnahme zu Jeruſalem, daß er den Juden erlaubt, ſich eine Gnade von ihm auszubitten, Ebend. Williget in ihre Bitte, giebt aber den Samaritern eine ausweichende Antwort, Ebd. Geht nach Gaza, und findet einen hartnäckigen Wi-derſtand, 118 Erobert die Stadt durch Sturm, und läßt mit viehiſcher Grauſamkeit die Beſatzung niederhauen, Ebend. Läßt den Gouverneur Betis vor ſich führen, und ſtraft ihn ſehr grauſam, Ebend. Kehrt ſeine Waffen ge-gen Aegypten, Ebend Kömmt vor Peluſium, und findet die Thore der Stadt offen, ihn zu empfangen; wie auch die Thore von Memphis, Ebend. Bemächtigt ſich des ganzen Aegyptens, ohne den geringſten Widerſtand, 119. Faßt den Entſchluß, den Tempel des Jupiter zu beſuchen, Ebend. Marſchiret längs dem Fluſſe Mem-phis ab, Ebend Legt den Grund zu der Stadt Alexan-drien, Ebend. Kömmt zu dem Tempel des Jupiters, 120. Wird von der Hohenprieſterinn, ſo bald er vor dem Altar erſcheint, für den Sohn Jupiters erklärt; und wird ganz berauſcht von der Schmeicheley, die man ihm beweiſt, Ebend. Giebt der Regierung Aegyptens eine dauerhafte

Verfassung, 121. Marschiert gegen den Darius ab,
Ebend. Beehrt dessen Gemahlinn, die unterwegs im
Kindbette stirbt, mit einer Beerdigung, die ihrem hohen
Stande angemessen ist, Ebend. Setzt seinen Marsch gegen den Tigris fort, 123. Zeigt mit eigner Hand seinen
Soldaten die Stellen, wo sie durch den Tigris gehen sollen; befiehlt ihnen nichts zu retten, als ihre Waffen, 124.
Schlägt auf der entgegengesetzten Seite sein Lager auf,
Ebend. Belebt den Muth seiner Soldaten, da sie durch
eine Mondfinsterniß in Schrecken gerathen, Eb. Schickt
sich zum Treffen gegen den Darius an, Ebend. Erhält
neue Friedensanträge von ihm, noch vortheilhafter, als
die vorigen; schlägt sie aber aus, Ebend. Marschiert
ihm in Schlachtordnung entgegen, 125. Macht Halt,
und hält Kriegsrath, Ebend. Redet seine Generale und
Officiere an, und befiehlt ihnen dann, etwas auszuruhen,
16. Seine stolze aber kluge Antwort an den Parmenio,
126. Legt sich auf den übrigen Theil der Nacht zur Ruhe, Ebend. Kann aus Gemüthsunruhe nicht gleich
einschlafen, schläft aber nachher fest und ruhig, Ebend.
Wird von dem Parmenio aufgeweckt. und giebt ihm eine
heroische Antwort, Ebend. Legt seine Waffen an. reitet durch
die Glieder auf und nieder, und spricht seinen Soldaten durch
die dringendsten Ermahnungen Muth ein, Ebend. Schickt
einen Haufen seiner Reuterey ab, um den Folgen einer
Bewegung der Feinde zuvorzukommen, 128. Verstärkt
sie mit einem Corps Päonier, seine Reuterey leidet sehr,
Ebend. Bedient sich einer Kriegslist, seine Soldaten
aufzumuntern, als er den Darius seine ganze Armee in
Bewegung setzen sieht, um ihn anzugreifen, Ebend.
Dringt bis an den Ort, wo Darius seinen Posten hat. 129.
Verwundet des Darius Fuhrmann, Ebend. Verfolgt
den Darius, Ebend. Sieht sich genöthigt, von der Ver-
folgung abzulassen, 130. Haut einen Haufen Persischer
Reuterey nieder, Ebend. Setzt dem Darius bis nach
Arbela nach, Ebend. Nähert sich Babylon, 131. Geht
in die Stadt, die sich gleich bey seiner Ankunft ihm ergiebt; sein triumphirender Einzug in diese Stadt, Ebend.
Er nimmt die Schätze und Geräthschaften des Darius in
Augenschein, 132. Vertheilt sie freygebig unter seine
Soldaten, Ebend. Uebergiebt das Gouvernement der
Provinz dem Mazäus, und das Kommando der zurück-
bleibenden Truppen dem Apollodorus, Ebend. Marschiert nach Sittacene. sodann nach Susa, wo er unermeßliche Schätze findet; belohnt mit demselben Verdienst
und Tapferkeit unter seinen Truppen, Ebend. Läßt die

Mutter und Kinder des Darius daselbst zurück, Ebend.
Rückt weiter bis an den Fluß Pasitigris, Ebend. Setzt
hinüber in das Land der Uxier, Ebend. Verzeiht dem
Madates, dem Kommandeur der Provinz, setzt alle Gefangenen, und die sich ihm ergeben, in Freyheit, und be-
trägt sich gegen dieselben auf die edelmüthigste Art, 133.
Geht weiter zu dem Paß von Susa; wird hier einige Zeit
aufgehalten; haut die ganze Armee, die den Paß vertei-
digt, in Stücken, Ebend. Marschiert unmittelbar gegen Persien, Ebend. Empfängt Briefe von dem Tiriba-
tes, dem Gouverneur von Persepolis, die Schätze des Darius betreffend, die seinen Marsch nach dieser Stadt beschleunigen, Ebend. Reitet die ganze Nacht durch an der
Spitze der Reiterey, und setzt über den Fluß Araxes, 134.
Sieht bey seiner Annäherung gegen die Stadt einen Haufen höchst unglücklicher Griechen, Ebend. Belohnt sie
freygebig für ihr Leiden, 16. Kömmt an der Spitze seiner siegreichen Truppen in die Stadt Persepolis, Ebend.
Thut der Niedermetzelung, die sie anfangen, gleich Ein-
halt, 135. Findet daselbst unermeßliche Reichthümer,
Ebend. Steckt, vom Wein und einer Athensischen
Buhlerinn erhitzt, mit einer Fackel den Pallast in Brand,
Ebend. Bereuet seine That, und giebt Befehl, das
Feuer, welches er und seine Macedonier angelegt, zu lö-
schen; aber zu spät, 136. Weint bitterlich über den todten Leichnam des Darius, 139. Reißt seinen Kriegsman-
tel ab, und wirft ihn über ihn, Ebend. Läßt seinen
Körper einbalsamiren, und seinen Sarg mit königlicher
Pracht ausschmücken, Ebendaselbst. Schickt ihn an
die Sysigambis, um ihn mit den gewöhnlichen Ehrenbe-
zeigungen zu begraben, Ebend. Sein Ehrgeiz wird durch
den Tod des Darius noch mehr entflammt, 140. Will
den Bessus verfolgen, steht aber, da er es vergeblich fin-
det, davon ab, um nach Parthien überzugehen, Ebend.
Kömmt an die Gränzen von Hyrkanien, Ebend. Die
Hyrkanier unterwerfen sich, Ebend. Er bezwingt die
Mardier und verschiedne andre Nationen, Ebend. Die
Königinn der Amazonen, Thalestris, meldet sich bey ihm,
Ebend. Sie wird gütig von ihm aufgenommen, Ebend.
Er sieht sich durch ihre Bitte genöthigt, einige Zeit an dem
Orte, wo er ist, zu verweilen, 141. Marschiert gegen
Parthien, Ebend. Ueberläßt sich der Sinnlichkeit;
fällt als ein Opfer der persischen Laster, Ebend. Schenkt
einer seiner Gefangenen die Freyheit, gerührt durch ihren
Anblick, und die Nachricht, die sie ihm von sich selbst
giebt, Ebend. Giebt ihr alle ihre Güter und ihren Ge-

mahl wieder, 142. Führt seine Soldaten gegen den Bessus, Ebend. Steckt sein eignes Gepäcke in Brand, und giebt Befehl, daß Jeder seinem Beyspiel folge, Ebend. Zeigt einen sehr zweydeutigen Charakter, indem er den Tyrannen mit dem Helden paart, 143. Verdammt den Philotas und seinen Vater Parmenio, weil er sie wegen einer Verschwörung gegen ihn im Verdacht hat, zum Tode, Ebend. Setzt sich großen Beschwerlichkeiten und Gefahren aus, 146. Bessus wird ihm von dem Spitamenes in dem schimpflichsten Zustande überliefert, Ebend. Er wirft ihm seine Verrätherey vor, läßt ihm Nase und Ohren abschneiden, und schickt ihn nach Ecbatana an die Mutter des Darius, damit sie ihn nach Belieben strafe, Ebend. Marschiert weiter, neue Eroberungen aufzusuchen, Ebend. Zerstört eine Stadt, von den Branchiden bewohnt, und macht alle Einwohner derselben in kaltem Blute nieder, Ebend. Nähert sich dem Fluß Jaxartes, Ebend. Wird am Beine verwundet, 147. Erobert die Hauptstadt von Sogdiana, Ebend. Erhält eine Gesandtschaft von den Scythen, Ebend. Unterwerfung derselben, Ebend. Belagert Cyropolis, Ebend. Geht immer weiter, indem er nach Eigensinn und Laune einige Städte zerstört, andre erbauet, Kolonien anlegt und ganze Provinzen verwüstet, Ebend. Findet es sehr schwer, über den Fluß Jaxartes zu setzen, Eb. Führt seine Truppen über den reißenden Strom, und ersicht einen herrlichen Sieg über die Scythen, 148. Bemeistert sich einer starken Festung, Namens Petra am Orus, Ebend. Läßt die Besatzung geißeln, und an dem Flusse des Felsen ans Kreuz schlagen, Ebend. Bezwingt die Massageten und Daher, Ebend. Rückt in die Provinz Basista, dann weiter nach Marakanda, Ebend. Bestellt den Klitus zum Gouverneur dieser Provinz, Ebend. Ermordet ihn im Rausche, 149. f. Wirft sich auf den Leichnam, reißt den Wurfspieß, womit er ihn getödtet, heraus, und will sich selbst damit umbringen, 151. Marschiert gegen ein Land, Namens Gabaza, seine Melancholie zu zerstreuen, Ebend. Hat einen schrecklichen Sturm auszustehen, Ebend. Durchzieht das Land der Sacer und verwüstet es, Ebend. Wird von dem Oxyartes, einem seiner Monarchen, in seinem Pallast voll roher Pracht, bewirthet, Ebend. Nimmt seine Tochter Roxane zur Gemahlinn, welches den Macedoniern sehr mißfällt, Ebend. Entschließt sich zu einem gefährlichen Marsch nach Indien, 152. Will ein Sohn des Jupiters genannt seyn, Ebend. Findet die Macedonier gar nicht geneigt, ihm göttliche In-

belung zu erweisen, Ebend. Läßt den Philosophen' Kallisthenes wegen seiner Aufrichtigkeit hinrichten, Ebend.
Bey seinem Eingange in Indien begegnen ihm alle kleinen
Könige des Landes, und unterwerfen sich. 153. Erobert
die Städte Nysta und Dädala, Ebend. Rückt gegen die
Stadt Massaga, die sich ihm auf Diskretion ergiebt, 154.
Marschiert nach Ekbolima, Ebend. Kömmt an die Ufer
des großen Flusses Indus, Ebend. Findet alles zu sei-
nem Uebergange durch den Hephästion veranstaltet, Ebend.
Omphis, ein König des Landes, kömmt ihm entgegen, und
huldigt ihm, Ebend. Eben das geschieht von dem Abi-
sares, einem benachbarten Monarchen, Ebend. Er er-
wartet gleiche Unterwerfung von dem Porus, Ebend.
Dieser giebt eine sehr kalte und entschlossene Antwort,
Ebend. Entschließt sich, ihn zum Gehorsam zu zwingen,
Ebend Rückt bis an die Ufer des Hydaspes vor, Ebend.
Kömmt in große Verlegenheit durch die Schwierigkeiten,
die mit dem Uebergange verknüpft sind, 155. Er wählt
dazu eine stürmische Nacht, Eb. Landet, ohne großen
Widerstand zu finden, 156 Stellt seine Truppen in
Schlachtordnung, Ebend. Schlägt ein Detaschement,
welches Porus gegen ihn abschickt, unter dem Kommando
seines Sohns, welcher dabey ums Leben kömmt, Ebend.
Findet den Porus entschlossen, ihm die Spitze zu bieten,
Ebend. Giebt das Zeichen zum Treffen, 157. Ersicht
einen vollkommnen Sieg, 159. Schickt den Taxiles dem
Porus nach, weil er einen so tapfern König am Leben zu
erhalten wünscht, 160. Findet sich in seiner Hoffnung
betrogen, worauf er den Meroes mit andern Anerbietungen zu ihm abschickt, Ebend. Geht dem Porus entgegen, Ebend. Steht still, und betrachtet seine ausneh-
mende Größe und edle Miene, Ebend. Seine Unterredung mit ihm, 161. Er baut eine Stadt an dem Orte,
wo das Treffen vorgefallen, und eine andre an dem Orte,
wo er über den Fluß gegangen, 16. Erweiset den Soldaten, die im Treffen geblieben, die letzte Pflicht, Ebend.
Feyert Spiele und bringt Dankopfer an dem Orte, wo er
über den Hydaspes gegangen, Ebend. Rückt weiter in
Indien und bezwingt es mit erstaunlicher Schnelligkeit,
Ebend. Wünscht sich mit einigen Brachmanen zu unter-
reden, 162. Schickt den Philosophen Onesteritus an sie
ab, Ebend. Empfängt den Kalanus mit großen Freudenbezeugungen, 16. Wünscht das Gebiet des Agrame-
nes, eines Königs jenseit des Ganges, anzugreifen, 164.
Findet bey seinen Soldaten Widerstand, Ebend. Sucht
sie vergebens durch Bitten und Drohungen zu überreden,

Ebend. Kann nichts weiter bey ihnen ausrichten, als
daß sie ihm gegen Süden hin folgen, um den nächsten
Ocean zu entdecken; Kömmt in das Land der Ory-
dracer und der Mallier, Ebend. Schlägt sie in verschiednen Treffen; Ebend Rückt gegen ihre Hauptstadt
an, Ebend. Ergreift zuerst eine Sturmleiter, und er-
steigt die Mauer, 165. Wird allein zurückgelassen, weil
die Leiter zerbricht, Ebend. Springt von der Mauer in
die Stadt, ficht mit äußerster Wuth, wird von einem Indianer verwundet, daß er seine Waffen fallen läßt, und wie
todt niederfällt, Ebend. Stößt dem Indianer, der ihn
ausziehen will, seinen Dolch in den Leib, 16. Wird von
den Seinigen, die ins Thor einbrechen, errettet, Ebend.
Läßt alle Einwohner niederhauen, Eb. Steigt wieder zu
Pferde und zeigt sich der Armee, Ebend. Nähert sich
dem Ocean, 166. Seine Soldaten erstaunen und er-
schrecken über die Ebbe und Fluth, Ebend. Er opfert
dem Neptun bey seiner Landung, Ebend. Weint, daß
er nicht mehr Welten besiegen kann, Ebend. Marschiert
zu Lande mit seiner Armee gegen Babylon, Ebend.
Kömmt nach großen Beschwerlichkeiten in die Provinz Ge-
drosia, 167. Durchzieht mit der ungebundensten Aus-
schweifung eines Schwärmers das Land, Ebend. Will
dem Bacchus nachahmen, Ebend. Empfängt wunderbare Nachrichten von seinem Admiral Nearchus, der von
seiner Expedition längs der Küste zurückkehrt; Befiehlt ihm ferner Entdeckungen zu machen, und in die
Mündung des Euphrat einzulaufen, ihn in Babylon zu
treffen, 168. Bestraft den Kleander und andre, wegen
ihrer Ungerechtigkeiten in seiner Abwesenheit, Ebd. Läßt
einen Persischen Prinzen hinrichten, Ebend. Bemüht
sich vergebens, dem Kalanus seinen Entschluß, zu sterben,
auszureden, läßt ihm einen Scheiterhaufen errichten, Eb.
Geht nach Susa, und vermählt sich mit der ältesten Tochter des Darius, 169. Giebt ihre jüngste Schwester dem
Hephästion, Ebend. Macht eine Erklärung bekannt,
welche ein aufrührerisches Betragen unter seinen Soldaten
veranlaßt, 171. Läßt einige auf der Stelle bestrafen;
Drohet ihnen, Perser zu seiner Leibwache zu machen, 172.
Nimmt seine Macedonier wieder zu Gnaden an, Ebend.
Ueberläßt sich ganz der Schwelgerey, Ebend. Geräth
über den Tod Hephästions in äußerste Betrübniß, Ebd.
Läßt den Arzt, welchen er gebraucht, hinrichten, Ebd.
Zeigt die Größe seines Schmerzens durch die außerordent-
lichen Ehrenbezeigungen, mit welchen er ihn beerdigen
läßt, Eb. Hält einen prächtigen Einzug in Babylon,

173. Schreibt einen Brief an die Griechiſchen Städte,
und giebt dem Antipater Befehl, gegen die ungehorſamen
Städte Gewalt zu gebrauchen, Ebend. Iſt willens Babylon zu verſchönern, Ebend. Entſchließt ſich, es zum
Sitz des Reichs zu machen, Ebend. Verbringt ſeine
Zeit mit Schmauſen, Ebendaſelbſt. Fällt bey einem
Gaſtmahl wie todt zur Erde, 174. Wird in dieſem ſchimpf-
lichen Zuſtande in ſeinen Pallaſt gebracht, Eb. Giebt in
den Zwiſchenzeiten ſeines Fiebers verſchiedne Befehle wegen
Abſeglung ſeiner Flotte und des Marſches der Armee,
Ebend. Zieht, da er alle Hoffnung der Geneſung auf-
geben muß, ſeinen Ring vom Finger, und übergiebt ihn
dem Perdikkas, mit Anordnungen wegen ſeines Leichnams,
Ebend. Seine letzten Worte, Eb. Sein Tod, Eb.
Sein Charakter,   175
Alexander, Sohn Alexanders des Großen von der
Roxane II. 201. Auf Kaſſanders Befehl getödtet,   217.
Alkmäoniden, bemühen ſich, weil ſie aus Athen ver-
bannet worden, die Spartaner dem Hippias Feind zu ma-
chen, und es glückt ihnen, I, 57. Erhalten Erlaubniß,
den Tempel zu Delphi neu aufzubauen,   Ebend.
Amphiktyon, dritter König von Athen, I, 5. Bringt
ein Bündniß zwiſchen den zwölf Staaten Griechenlandes
zu Stande,   Eb.
Amphiktyonen, ein Gerichtshof, vom vorerwähnten
König angeordnet, I, 8. Wird zweymal des Jahrs zu
Thermopylä gehalten, Ebend. Laden die Phocier vor,
364. Legen ihnen eine ſchwere Geldbuſe auf, wie vor-
mals den Spartanern, Ebend. Erklären Krieg gegen
die Phocier, 365. Machen den Schluß, daß alle Pho-
ciſchen Städte geſchleift werden ſollen, II, 6. Erklären
die Phocier ihres Sitzes in ihrem Rath verluſtig, Ebend.
Sie ſchicken eine Geſandtſchaft an den Philipp, wodurch
ſie ihn einladen, ihnen gegen die Amphiſſäer beyzuſtehen,
ihn zum Mitgliede ihres Raths und zum Oberbefehlshaber
ihrer Truppen mit unumſchränkter Gewalt erklären, 20. 21.
Amphipolis, wird vom Philipp für eine freye Stadt
erklärt,   I, 362.
Amyntas II. Philipps Vater, wendet ſich an die Olynthier, da er durch die Illyrier eines großen Theils ſeines
Königreichs beraubt worden, I, 357. Giebt ihnen einen
anſehnlichen Strich Landes, Ebend. Da ihm die Theſſalier wieder zum Thron verhelfen, wünſcht er den Olynthiern das ihnen abgetretene Land wieder abzunehmen,
Ebend. Führt Krieg gegen die Olynthier, Ebend.
Wird durch Hülfe der Griechen und Athenienſer in Stand

gesetzt, sie zu schwächen, Ebend. Stirbt,   Eb.

Anacharsis, der Scythe, I. 41.

Anaxagoras, ein Philosoph I. 159. f.

Anaxilas, ein italienischer Fürst, nimmt die geschlagenen Messenier auf,   I, 36

Anaximenes, ein griech. Philosoph, I, 264. Not.

Anaximenes, ein Bürger von Lampsakus, besucht den Alexander, da dieser als Feind vor der Stadt erscheint, II, 71. Rettet seine Vaterstadt durch eine sinnreiche Ausflucht,   Ebend.

Antigonus wird als Statthalter von Großphrygien, Lycien und Pamphylien angestellt, II, 202. Macht dem Perdiccas Vorstellungen gegen die neuen Staatseinrichtungen, 204. Schickt sich an, gegen Eumenes mit Eifer zu agiren, 206. Schlägt ihn, 207. Entschlossen einen entscheidenden Streich zu wagen, greift er ihn in den Winterquartieren an, 210. Peucestes verläßt ihn mit der Reuterey; seine Phalanx wird vom Eumenes geschlagen; er fällt über das Gepäcke des Feindes her, Ebend. Die Armee des Eumenes bittet um die Rückgabe ihrer Weiber, Kinder und Sachen, 211. Sie erhalten es unter der Bedingung den Eumenes auszuliefern; er tödtet ihn; Ebend. Die Befehlshaber, die sich ihm bisher widersetzten, unterwerfen sich, 212. Er opfert viele kleine Statthalter auf; Eifersüchtig auf Seleucus, rückt er gegen Babylon, und fordert genaue Rechnung über die Einkünfte der Provinz von ihm; Ebend. Sammlet seine Truppen, sich den Bundesgenossen zu widersetzen, 214. Cölesyrien und Phönicien unterwerfen sich; Er geht mit 500 Schiffen in See; Tyrus ergiebt sich; Er eilt, Kleinasien zu retten, das Kassander angegriffen hatte, Ebend. Ermordet die Kleopatra 217. Läßt sich und seinen Sohn zu Königen von Syrien ausrufen, 218. Greift Aegypten an; Muß sich bald zurückziehn, Ebend. Wird in der Schlacht bey Ipsus erschlagen, 222. Sein Character,   223

Antigonus, Sohn des Demetrius Poliorcetes (Enkel des vorigen Antigonus) folgt dem Ptolemäus Ceraunus als König von Macedonien, II, 253. Heirathet Phila, Tochter des Seleucus; bringt große Reichthümer in seine neuen Besitzungen; Ein Korps Barbaren fällt durch die Hoffnung zu plündern aufgemuntert in Macedonien ein; Er greifet sie, als sie von Beute beschwert waren, an, und nöthigt sie nach einer großen Niederlage zum Rückzug, Ebend. Wird vom Pyrrhus in einer selbstgewählten Schlacht besiegt, 254. Zum zweitenmal vom Ptolemäus geschlagen, Ebend. Wieder auf den Thron gesetzt, 255. Die Könige von Sparta und von Aegypten machen

satzung ein, Ebend. Wird Vater und Beschützer Griechenlands genannt, 194. Rückt gegen die Aetolier, die er schlägt, 195. Macht Anstalt, ihre Städte zu belagern; muß wegen der Angelegenheiten des Osten Friede mit ihnen schließen, Ebend. Tödtet den Demades und dessen Sohn, 197. Sein Tod und Character, 199

Aornos, die Besatzung dieses Felsen, ergiebt sich, in panischem Schrecken, dem Alexander, II, 154

Aratus, befreyt seine Geburtsstadt Sicyon von der Tyranney des Nikokles II, 261. Wendet sich zu den Achäern; setzt 580. vertriebene Bürger aus Sicyon durch die Güte des Ptolemäus Philadelphus in Freyheit; befriedigt alle bey der Austheilung des ihm anvertrauten Geldes; Ebend. Wird Feldherr der Achäer, 262. Ueberrumpelt Korinth des Nachts; übergiebt den Korinthiern die Schlüssel, und einverleibt sie den Achäern, Ebend. Besticht den macedonischen Statthalter von Athen, daß dieser die Stadt überliefert, 263. Nimmt die Athenienser und Argiver in den Achäischen Bund auf, Eb. Vermeidet ein Gefecht mit Cleomenes, 267. Hindert den Frieden, indem er Bedingungen vorschlägt, die Cleomenes nicht annehmen kann, 268. Zeigt sich als einen Sklaven des Ehrgeizes, Ebend. Ruft den Antigonus von Macedonien nach Griechenland, 269. Widersetzt sich vergeblich den Aetoliern, 272. Erhält vom Philipp aus Macedonien Hülfe, Ebend. Sucht ihm das Bündniß mit Hannibal zu widerrathen, 275. Wird vom Philipp vergiftet, 277

Araxes, ein Fluß, II, 134

Arbela, Schlacht dabey, S. Gaugamela.

Archidamus, widerräth seinen Landsleuten, sich mit den Atheniensern in Krieg einzulassen, I, 170. Sein Rath wird auf die Gegenvorstellungen eines Ephoren verworfen, Ebend. Hält eine muthige Rede an seine Armee, 173. Belagert Platäa, 180

Archilochus, der Dichter, wird genöthigt, Sparta zu verlassen, weil er in einem seiner Gedichte behauptet, es sey besser, seine Waffen, als sein Leben zu verlieren, I, 29.

Areopagus, von dem Cekrops angeordnet, I, 5. Seine Macht wird vermindert, 161

Aretas, kommandirt einen Haufen Päonier in der Schlacht bey Gaugamela, II, 128

Arglus, bleibt in einem Treffen mit dem Philipp, König von Macedonien, I, 361

Arginusä, Schlacht daselbst, I, 252

Argiver, schließen mit den Atheniensern ein Bündniß auf hundert Jahr, I, 199. Schicken zwey Officiere an den Agis, Ebend. Erhalten einen Stillstand von ihm auf vier Monate, Ebend. Ihre Unwillen gegen ihre Vermittler, 200

Ariäus, ergreift mit dem linken Flügel die Flucht, so bald er den Tod des Cyrus hört, I, 281. Setzt seinen Rückzug fort, Eb. Entdeckt seine Absicht, nach Griechenland zurück zu kehren, 284. Bricht mit Anbruch des Tages auf, Ebend. Hört, daß der König von Persien ihm nachsetze, Ebend.

Aridäus, s. Philipp Aridäus.

Ariobarzanes, ist mit einem Korps von fünf tausend Mann postirt, den Paß von Susa zu vertheidigen, II, 133. Seine Truppen werden vom Alexander niedergehauen, Ebend.

Aristagoras, des Histiäus Stellvertreter zu Milet, erhält Befehl von ihm, die Jonischen Städte zur Empörung aufzuwiegeln, I, 71. Macht eine Reise nach Jonien, Ebend. Legt die Maske ab, und bietet der Persischen Macht Trotz, 72. Begiebt sich nach Lacedämon, um diesen Staat in sein Interesse zu ziehen, Ebend. Wendet sich an den Kleomenes, König von Sparta, Ebend. Unfähig, ihn zu bestechen, wendet er sich an andre Städte, 73. Findet eine günstige Aufnahme zu Athen, Ebend. Von den Atheniensern mit Schiffen unterstützt, versammelt er seine Truppen, und segelt nach Ephesus; geht über die Persische Gränze, und marschiert gegen die Hauptstadt von Lydien, Ebend. Wird mehrmal hinter einander geschlagen, 74. Entflieht nach Thracien, und wird von den Einwohnern mit allen seinen Truppen niedergemacht, Eb.

Aristander, der Wahrsager, verdoppelt durch einen listigen Kunstgriff den Muth der Macedonier, II, 128

Aristides, sein Character, I, 83. Wird zu einem der zehn Generale ernannt, welche abwechselnd gegen die Perser kommandiren sollen, 86. Tritt sein Kommando an den Miltiades ab, 87. Die übrigen folgen seinem Beyspiel, Eb. Wird verbannt, 107. s. Zurückberufen, 108. Er bemüht sich, in einer merkwürdigen Rede, die Vorschläge des Königs von Macedonien zu vereiteln, 129. Stillt einige Unruhen bey der Armee, 132. Wird einmüthig als der schicklichste Mann gewählt, die Gerechtigkeit und Nutzbarkeit eines Entwurfs, den Themistokles zu Erhebung seiner Vaterstadt gemacht, zu beurtheilen, 143. Ist unzufrieden mit demselben, und thut der Versamm-

lung des Volks sein Mißfallen kund, Eb. Erhält den
Beynamen des Gerechten, Eb. Wirkt ein für seine Mit-
bürger vortheilhaftes Dekret aus, um die übeln Folgen
einer demokratischen Verfassung zu vermeiden, 144. Kommandirt die Athenienſiſchen Flotten mit dem Cimon, des
Miltiades Sohn, Ebend. Erhält die Verwaltung des
Schatzes zu Beſtreitung der Kriegskoſten auf der Inſel
Delos, 153. Beſtätigt, durch ſein Verhalten, die hohe
Meynung, die man von ſeiner Rechtſchaffenheit
hegt, Eb. Ein merkwürdiges Beyſpiel ſeiner Verachtung
des Reichthums, 154. Einige Nachricht von ſeiner Le-
bensart, und von ſeiner Familie, Eb. f.

Ariſtodemus, der Meſſenier, bietet ſeine Tochter zum
Opfer an, I, 34. Ermordet ſie mit eigner Hand, Eb.
Tödtet ſich ſelbſt auf ihrem Grabe, Eb.

Ariſtodemus, der Perſiſche Admiral, wird zur See
überwunden, II, 102

Ariſtogiton, Tyrannenmörder I. 55. f.

Ariſtomenes, der Meſſenier, führt ſeine Landsleute
gegen die Lacedämonier an, I, 35. Schlägt ſie, Ebend.
Verliert ſeinen Schild, indem er ihnen nachſetzt, Ebend.
Wird in einem Scharmützel gefangen genommen, 36.
Wird nach Sparta gebracht, und in ein tiefes Loch geworfen, Ebend. Seine wunderbare Entwiſchung, Eb.
Verfügt ſich zu ſeinen Truppen, und thut bey Nacht einen
glücklichen Ausfall gegen die Korinther, Eb. Wird von
den Kretenſern gefangen genommen, Ebend. Bringt ſeine Hüter ums Leben, und kehrt zu ſeinen Truppen zurück,
Ebend. Gewinnt dreymal die Hekatomphonia, Eb.

Ariſtoteles, wird vom Philipp, dem König von Macedonien zum Lehrer ſeines Sohns Alexander beſtellt, II,
50. Wird von ſeinem Lehrling ſehr hochgeſchätzt, 51.
Bemüht ſich ſeine Urtheilskraft zu bilden, Eb. Sucht
ihn von den Vortheilen, die aus der Beredtſamkeit ent-
ſpringen, zu überzeugen, 52.

Arſites, ein Phrygiſcher Satrap, widerſetzt ſich dem
klugen Rath des Memnon, II, 73. Entflieht, nach Alexanders Siege, nach Phrygien, und ſoll ſich ſelbſt ermordet haben, 77

Artabanus, widerräth dem Xerxes den Krieg, I, 95

Artabazus, entflieht mit einem Haufen Perſer nach dem
Hellespont, I, 135

Artagerſes, von Cyrus getödtet, I, 230

Artaphernes, Gouverneur von Sardes, führt eine
Korreſpondenz mit dem Hippias, I. 57. Verlangt die Wie-
dereinſetzung des Hippias 69. Zieht ſich in die Citadelle
von Sardes, da er die Stadt nicht halten kann, 73.

läßt den Histiäus ans Kreuz schlagen, und schickt seinen Kopf an den Darius, 74. Führt seine zahlreichen Truppen gegen Europa an, 84. Nimmt ohne Widerstand die Inseln im Aegäischen Meer in Besitz, Ebend. Richtet seinen Lauf gegen Eretria, Ebend. Versucht die Stadt zu stürmen, Ebend. Wird mit Verlust zurückgeschlagen, Ebend. Bekommt sie durch Verrätherey in die Hände, plündert und verbrennet sie, Ebend. Legt die Einwohner in Ketten, und schickt sie an den Darius, Ebd.

Artaxerxes, verzeiht seinem Bruder Cyrus auf die Thränen und Bitten seiner Mutter Parysatis, I, 276. Entfernt ihn zu seinem Gouvernement in Asien, Eb. Läßt eine Verschanzung in den Ebnen von Babylon aufwerfen, um den Fortgang seiner Feinde aufzuhalten, 278. Läßt seinen Bruder bis Babylon verrücken, weil er's versäumt, ihm einen Paß streitig zu machen, Ebend. Marschiert in guter Ordnung gegen den Feind, 279. Sucht mit seinem rechten Flügel dem Cyrus in die Flanke zu fallen, 280. Kömmt mit ihm an einander, Eb. Fällt wüthend den Cyrus an, und verwundet ihn mit einem Wurfspieß, Eb. Läßt ihm den Kopf und die rechte Hand abhauen, 281. Verfolgt den Feind in sein Lager, Eb. Plündert es, Eb. Bringt seine Truppen wieder in Ordnung, da er hört, daß sein linker Flügel von den Griechen geschlagen worden, und marschiert ihnen nach, 282. Macht verschiedne Bewegungen, Ebend. Fodert die Griechen auf, ihre Waffen auszuliefern, 283. Bewilligt ihnen, an dem Orte zu bleiben, wo sie stehen, 284. Geräth über den unerschrockenen Muth der Griechen in Furcht, 285. Schickt Herolde an sie, um ihnen Vorschläge zum Frieden zu thun, Eb.

Artemisia, Königinn von Halikarnaß, begleitet den Xerxes auf seinem Feldzuge gegen Griechenland, I, 104. Streitet tapfer, 123

Asien, s. Kleinasien. Griechische Kolonien daselbst, II, 424.

Alter, guter Bogenschütze I, 367.

Athen; wird vom Cekrops gestiftet, I, 5. Der königliche Titel wird nach des Kodrus Tode abgeschafft, 6. Sein Sohn wird zur höchsten Magistratsperson, unter dem Titel Archon, erwählt, Eb. Besondere Nachricht von Athens Verfassung, 60—63. II, 369. ff. Vergleichung mit Sparta, I, 64. ff. Sein elender Zustand, worein es durch das Glück des Xerxes versetzt wird, 120. Wird durch den Cimon mit den Schätzen, die er im Persischen Kriege erbeutet, verschönert, 158. Befreyt von der Furcht vor auswärtigen Feinden, fängt es an, innere Feindseligkeiten zu hegen, 159. Einige Nachricht von der Pest, 177. ff. Beschreibung der Zurüstungen zu dem

Sicilianischen Feldzuge, 204. Die ganze Stadt ist in Bestürzung über Lysanders Sieg, 260. Alle angesehenen Bürger, denen ihre Freyheit lieb ist, suchen eine Zuflucht vor der Gewalt der dreyßig Tyrannen, 272. Die 3000 Bürger finden Hoffnung, ihre vorige Gewalt nach Abziehung der 30 Tyrannen wieder zu erlangen, und schicken daher Gesandten ab, die Lacedämonier um Hülfe anzurufen, 272. Durch den Pausanias begünstigt, richten die Bürger die Tyrannen hin, und erlangen ihre Freyheit wieder, Ebend. Das Volk wird vom Demosthenes gegen den Philipp aufgewiegelt, 11, 16. f. Die Bestürzung bey der Nachricht, daß Philipp sich der Phocischen Stadt Elatea bemächtiget, 23. Kommt zum Achäischen Bunde 263. Wird von Sulla erobert, 303. Von den Römern geehrt, 308. f. Von Hadrian begünstigt, 311. Spätere Schicksale der Stadt, 312. 313 318. 320. 322. f. 324.

Athenienser, kürzen die Zeit der Archontenregierung ab, I, 6. Schicken den Dichter Tyrtäus den Lacedämoniern zum General, 35. Machen den Drako zu ihrem Gesetzgeber, 38. Durch die Härte seiner Gesetze in einen traurigen Zustand versetzt, wenden sie sich an den Solon, 39. Sind in Faktionen zertheilt, 50. Werden durch Solons Tod in neue Unruhen gestürzt, 53. Errichten dem Andenken der Leäna eine Statue, 55. Erklären sich kühn gegen die Wiederherstellung des Hippias, 68. f. Nehmen den Aristagoras günstig auf, 73. Durch das schlechte Glück des Aristagoras in Furcht gesetzt, wollen sie den Krieg nicht fortsetzen, 74. Weigern sich unerschrocken, die Persische Macht anzuerkennen, 79. Beschimpfen die an sie gesandten Herolde, Ebend. Entschließen sich die Aegineter, weil sie die gemeine Sache Griechenlands verrathen, zu züchtigen, 80. Schlagen die Aegineter in verschiednen Seetreffen, und bemächtigen sich der Herrschaft zur See, Ebend. Bieten der Persischen Armee, die aus hundert und zwanzig tausend Mann besteht, die Spitze, 85. Uebergeben das Kommando ihrer kleinen Armee zehn Generalen, Ebend. Bezeigen ihre Dankbarkeit gegen den Miltiades wegen seines edlen Betragens in der Schlacht bey Marathon, 92. Werden eifersüchtig über ihn, Eb. Werden von den Lacedämoniern ersucht, ihnen gegen die rebellischen Heloten beyzustehen, 162. Schicken ihnen den Cimon zu Hülfe, Eb. Trennen ihren Bund mit Sparta, Eb. Treten mit den Argivern in Bündniß, Eb. Nehmen die Sklaven von Ithome in ihren Schutz, Ebend. Beschützen und besetzen die Stadt Megara, Ebend. Wer-

ben von den Korinthern geschlagen und siegen über sie,
164. Werden von den Spartanern geschlagen, Ebend.
Erfechten einen Sieg über dieselben, Ebend. Berauscht
von dem Glück des Perikles denken sie auf neue und weit-
läuftige Eroberungen, 168. Machen einen Feldzug gegen Samos, zum Besten der Milesier, Ebend. Von
dem Perikles aufgemuntert, fangen sie übereilt gegen die
Lacedämonier Krieg an, 172. Schicken Hülfe und Le-
bensmittel nach Platäa, 173. Auf den Rath des Perikles bringen sie alle ihre beweglichen Güter vom Lande in
die Stadt, 175. Gerathen in Schrecken über die Annäherung der Lacedämonier, Ebend. Machen ihren vorigen Anführern Vorwürfe, Ebend. Entschließen sich,
Wiedervergeltung zu brauchen, Ebend. Greifen das feind-
liche Gebiet an, und erobern Nisäa, 175. 176. Entdecken
ihre Veränderlichkeit, indem sie ihren Liebling Perikles in
eine noch größere Gewalt wieder einsetzen, als er vorher
besaß, 179. Geben ihm das Kommando der Armee wieder, kurz nachdem sies ihm genommen hatten, Ebend.
Nehmen die Stadt Pylus den Lacedämoniern weg, 187.
Machen sich zu Herren von Cythere, 190. Werden von den
Lacedämoniern bey Delium geschlagen, Ebend. Schlies-
sen Frieden mit ihnen, 194. Schließen ein Bündniß mit
den Argivern auf hundert Jahr, 199. Erhalten eine Gesandtschaft von den Egestanern, 200. Bewilligen den Egestanern, nach der Rückkehr der Atheniensischen Deputirten,
ihre Foderungen, 201. Uebergeben dem Alcibiades, Nicias und Lamachus das Kommando der Flotte, Ebend.
Jagen den benachbarten Staaten Schrecken ein, 208.
Belagern Syrakus, Ebend. Gerathen in Bestürzung über die Ankunft des Lacedämonischen Generals,
Gylippus, 211. Werden von ihm geschlagen, 212.
Gewinnen einen Vortheil über die Syrakusaner, 215.
Ziehen in einem Seetreffen den Kürzern, 218. Werden von den Lacedämoniern geschlagen, 222. Wünschen
sich von Syrakus zurückzuziehen, 225. Werden von den
Syrakusanern gänzlich überwältigt, 228. Ihr trauriger
Zustand, 230. Werden von den Syrakusanern geschlagen, 233. Fassen wieder Muth, 240. Bringen von
allen Orten her Geld auf, Ebend. Befinden sich in
großer Verlegenheit, 242. Sind sehr bereitwillig, die
Veränderung der Regierungsform zu machen, die Alcibiades ihnen vorgeschlagen, 243. Entsetzen die Vierhundert,
als Urheber aller Trübsale, worunter sie seufzten, ihrer Gewalt, 246. Erfechten einen Sieg zur See über die Spartaner, 247. Machen sich zu Herren von Cyzikus, Ebend.
Ziehen in einem Seetreffen mit dem Lysander den Kürzern,

251. Klagen den Alcibiades der Unfähigkeit an, Ebend. Erhalten einen Sieg zur See über den Kallikratidas, 253. Betragen sich sehr undankbar gegen ihre siegreichen Generale, 253. 254. Segeln gegen Olestus auf die Nachricht von Lysanders Glück, 256. Sehen das behutsame Verfahren Lysanders mit Verachtung an, 257. Suchen ihn zum Treffen zu reizen, Ebend. Werden geschlagen, 259. Schicken sich an, da ihre Hauptstadt belagert wird, geduldig das Aeußerste zu erwarten, 261. Schicken Deputirten an den Agis, Ebd. Sehen sich durch die siegreichen Lacedämonier genöthigt, ihre Demokratie abzuschaffen, und sich der Herrschaft der so genannten dreyßig Tyrannen zu unterwerfen, 262. 268. Die Tyrannen fangen an, ihre Macht zu äußern, 268. Werden durch Hülfe einer Wache, die Lysander ihnen verschafft, in Stand gesetzt, ohne Einschränkung zu verfahren, 269. Sie bringen es dahin, daß Alcibiades ermordet wird, Ebend. Sie verdammen den Theramenes zum Tode, 271. Werden abgesetzt von den Atheniensern, 274. Die Athenienser brechen willig mit den Spartanern, 318. Schicken dem Pelopidas Truppen zu Hülfe, 324. Werden von den Platäensern um Hülfe angesprochen, 327. Werden äußerst entrüstet über die Zerstörung der Stadt Platäa, und der Stadt Thespia durch die Thebaner, Ebend. Wollen nicht länger in Verbindung mit ihnen handeln, Ebend. Schwächen sich durch ihre Streitigkeiten mit den Spartanern, 328. Treten in ein Bündniß mit den Spartanern gegen die Thebaner, 330. Entschließen sich, nach einigen Bedenklichkeiten, den Spartanern mit aller ihrer Macht beyzustehen, 339. Werden nach dem Tode des Agesilaus sorglos und träge, 353. Ihre Leidenschaft für Vergnügungen, Schauspiele, Ebend. Werden von den mehrsten der Staaten, die im Bündniß mit ihnen gestanden hatten, angegriffen, 354. Bringen sie durch die Tapferkeit ihrer Generale zum Gehorsam, Ebend. Schließen Frieden mit ihren Bundsgenossen, 355. Werden vom Philipp geschlagen, 361. Schließen Frieden mit ihm, Eb. Verlieren die Stadt Amphipolis durch ihre Sorglosigkeit, 362. Werden von Philipp überlistet, 363. Suchen den Beystand der Olynthier, Eb. Eilen nach Thermopylä auf die Nachricht, daß Philipp dahin marschiere, und bemächtigen sich dieses wichtigen Passes, 369. Gebrauchen diese Vorsicht auf dringendes Zureden des Demosthenes, Ebend. Werden von den Olynthiern um Hülfe gegen den Philipp angesprochen, II, 1. Fassen den Entschluß, sich gegen den Philipp zu vereinigen, Ebend. Sind in Verlegenheit wegen Aufbringung der Kriegsko-

sten, Eb. Schicken eine Verstärkung nach Olynthus, 2.
Müde des heiligen Krieges, schicken sie den Ktesiphon
und Phrynon ab, Philipps Gesinnungen auszuforschen,
4. Entschließen sich, eine feyerliche Gesandtschaft an ihn
zu schicken, Ebend. Geben ihren Gesandten Befehl, zurückzukehren, und Frieden zu schließen, 5. Werden von dem
Demosthenes gewarnt, gegen Philipps arglistige Bemühungen, ihre Vereinigung mit den Spartanern zu hindern,
auf ihrer Hut zu seyn, 11. Werden von ihm aufgemuntert, die Eubäer von dem Joch zu befreyen, welches Philipp ihnen aufzulegen gedachte, 13. Geben dem Phocion
das Kommando, 14. Empfangen einen Brief, worinn
ihnen Philipp Vorwürfe macht, 16. Schicken Truppen
unter dem Kommando des Phocion ab, 17. Sehen die
Belagerung von Byzantium als eine öffentliche Kriegser-
klärung an, 19. Erhalten eine Gesandtschaft von Philipp, 27. Wollen von keinem Vergleich hören, Ebend.
Rüsten sich zum Kriege, Ebend. Werden durch die Beredtsamkeit des Demosthenes angefeuert, Ebend. Geben
ihren Truppen Befehl, alsobald auszumarschieren, und
setzen die Thebaner durch ihren Eifer in Verwunderung,
Ebend. Werden, nebst ihren Bundsgenossen, in der
Schlacht bey Chäronea aufs Haupt geschlagen, 28 — 32.
Unterwerfen sich dem Rath des Demosthenes, 37. Be-
stellen ihn, die Stadt zu versorgen, und die Mauern aus-
zubessern, Ebend. Empfangen die Nachricht von Philipps Tode mit den größten Freudenbezeugungen, 47.
Stellen die Feyer der großen Geheimnisse ein, auf die
Nachricht von der Plünderung Thebens, 62. Nehmen
diejenigen, welche Zuflucht bey ihnen suchen, mit der
größten Leutseligkeit auf, Ebend. Gerathen in äußerste
Bestürzung über Thebens Zerstörung, Ebend. Legen
sich aufs Bitten, Ebend. Schicken eine Gesandtschaft
an den Alexander, um Gnade zu bitten, 63. Er verlangt,
daß sie ihm zehn Redner ausliefern sollen, Ebend. Sie
können sich nicht entschließen, in seine Foderung zu willigen, Ebend. Demades erbietet sich, ihre Sache bey
dem Alexander zu vermitteln, Ebend.

Attalus, ist sehr geneigt, den Vorschlägen des Demosthenes Gehör zu geben, II, 58. Schickt alle Briefe, die er
vom Demosthenes empfangen, an den Alexander, Ebd.
Seine Kunstariffe werden vom Alexander gemerkt; und er
wird auf seinen Befehl ermordet, Ebend.

Attalus, König von Pergamum, II, 279.

Attika, Eintheilung dieses Landes durch den Cekrops.
I, 5. Beschreibung des Landes, II, 396

Axertes, König der Sacer, bewirthet den Alexander in seinem Pallaste, mit roher Pracht geschmückt, II, 151. Nach einer berichtigten Lesart heißt der König Oxyartes.

B.

Babylon, Alexanders triumphirender Einzug in diese Stadt, II, 131. f.

Bakchis, überkömmt die höchste Gewalt in Korinth, I, 8.

Bagophanes, Gouverneur der Festung zu Babylon, bestreut bey dem Einzuge Alexanders die Straßen mit Blumen, und errichtet silberne Altäre zu beiden Seiten des Weges, II, 131

Bauer, Antwort eines atheniensischen Bauern an den Aristides, welchen er nicht kennet, I, 108

Bessus, kommandirt ein Korps baktrianischer Reutern, II, 136. Verbindet sich mit dem Nabarzanes zu Verübung des schwärzesten aller Verbrechen, Ebend. S. Nabarzanes. Nimmt den Titel König an, 140. Wird vom Alexander verfolgt, Ebend. Seine Gefährten gehen eben so mit ihm um, wie er selbst mit dem König, seinem Herrn, und überliefern ihn in dem schimpflichsten Zustande dem Alexander, 146. Wird mit abgeschnittener Nase und Ohren nach Elbatana geschickt, Eb. Wird durch vier Bäume geviertheilt, Ebend.

Betis, Gouverneur von Gaza; Alexander läßt ihn vor sich bringen, II, 118. Bestraft ihn sehr grausam, Eb.

Bias, seine Meynung von der vollkommensten Einrichtung einer Staatsverfassung, I, 41.

Böotier, bezeugen Unzufriedenheit, und suchen neue Unruhen zu erregen, I, 174.

Boges, Persischer Gouverneur von Eion, sein unerschrocknes Betragen, I, 156

Brachmanen, eine merkwürdige Sekte unter den Indianern, II, 162.

Branchiden, werden vom Alexander in kaltem Blute niedergehauen, II, 146.

Brasidas, kömmt zu Pylus ums Leben, da er einen Ausfall anführt, I, 190. Sein Charakter, 191

Brennus thut an der Spitze eines Korps Gallier einen Einfall in Macedonien, II, 250. Haut den Sosthenes und seine Armee in Stücken; schleppt den Reichthum Macedoniens fort, und richtet seinen Marsch nach Griechenland; wird bey den Pässen von Thermopylä durch Callippus an der Spitze der Athenienser aufgehalten, Ebend. Schickt ein Corps Truppen ab, Aetolien zu plündern, 251. Die

Theſſalier zeigen ihm einen Weg über den Oeta; Er richtet ſeinen Marſch gegen den Tempel zu Delphi, um ihn zu plündern; trifft unerwarteten Widerſtand an; ſeine Armee wird geſchlagen, und einen ganzen Tag und Nacht verfolgt; in einem heftigen Sturm kommen die meiſten ſeiner Barbaren um; Er wird verwundet, und von abergläubigem Entſetzen befallen, tödtet er ſich ſelbſt, Ebend.

Bucephalus, Alexanders Pferd, ſtirbt vor Alter, II, 161.

Byblos, die Bürger dieſer Stadt öffnen ihre Thore dem Alexander, I, 103

Byzantium, wird erobert, I, 44. f. Vom Philipp belagert, II, 16.

C. *)

Cekrops, der Stifter von Athen, I, 5. Läßt ſich in Attika nieder, theilt das ganze Land in zwölf Diſtrikte, und ordnet den Areopagus an, Ebend.

Celänä, eine Stadt in Phrygien; Alexander fodert ihre Beſatzung auf, ſich ihm zu ergeben II, 83. Wird genöthigt, ſich zu ergeben, Ebend.

Chabrias, General der Miethvölker auf Thebaniſcher Seite, nöthigt den Ageſilaus durch eine beſondere Kriegsliſt, ſich zurückzuziehen, I, 325. Seine Statue, Ebend.

Chäronea, Schlachten daſelbſt, II, 28. ff. 304.

Chares, ſein Charakter, II, 35

Charidemus aus Orea; ſeine Verbannung aus Athen von Alexander gefordert, II, 64. Flieht zum König von Perſien, Ebend. 87

Cherſobleptes, König von Thracien, II, 9. 64.

Chilo, ſeine Meynung von der vollkommenſten Regierungsform, I, 41

Chiriſophus, ſpartaniſcher General, I, 389

Chittim, Javans dritter Sohn, herrſcht in Maccedonien, I, 4.

Cilicien, Paß von, Alexander marſchiert durch ihn, II, 84.

Cimon, des Miltiades Sohn, zeichnet ſich durch ſeine kindliche Liebe bey dem Tode ſeines Vaters aus, I, 94. Wendet allen ſeinen Credit an, die dem Vater auferlegte Geldbuße zu bezahlen, und ihm ein ehrliches Begräbniß zu verſchaffen, Ebend. und 144. Trägt einen Theil ſeines Hausgeräths in den Tempel der Minerva, 117. Geht

*) Die ausländiſchen Namen, in welchen das C als K ausgeſprochen wird, ſind unter K zu ſuchen.

II. Th.   Hh

fröhlich an Bord der Flotte, 118. Kommandirt die Athenienfischen Flotten, 144. Sein Charakter, Eb. Wird zu den höchsten Staatsbedienungen, sowohl zu Hause als auswärts, gebraucht, Ebend. Hat bey seinen ersten Bewerbungen um die Gunst des Volks schlechtes Glück, 155. Wird vom Aristides aufgemuntert, sich nicht abschrecken zu lassen, Ebend. Aendert seine Aufführung gänzlich, und erlangt großes Ansehen, Ebend. Erhält das Kommando einer Flotte, welche bestimmt ist, in den Asiatischen Seen zu kreuzen, 156. Bewegt das ganze Land von Jonien bis Pamphylien, durch sein Betragen, sich gegen die Persische Macht zu erklären, Ebend. Thut dem Gouverneur von Eion sehr vortheilhafte Vorschläge, Ebend. Bemüht sich die Vereinigung der Persischen und Phönicischen Flotte zu verhindern, Ebend. Erhält einen ansehnlichen Sieg zur See und zu Lande, 158. Perikles, welcher eifersüchtig auf ihn ist, sucht ihn durch auswärtige Beschäftigungen entfernt zu halten, 161. Er nimmt sich der Sache der Spartaner an, und erhält Erlaubniß, gegen die rebellischen Heloten zu marschieren, die bey seiner Annäherung sich unterwerfen, 162. Eilt seinen Landsleuten zu Hülfe, und vergißt des Unrechts, welches sie ihm angethan, 164. Sein Betragen erwirbt ihm ihre Gunst wieder, Ebend. Er wird aus der Verbannung zurückberufen, Ebend. Bemüht sich, nach seiner Rückkehr, die eifersüchtigen Staaten auszusöhnen, Ebend. Segelt nach der Insel Cypern, Ebend. Belagert Citium, Ebend. Wird verwundet, und stirbt in den Armen des Siegers, 165

Citium, vom Cimon belagert, I, 164

Cydnus, der Fluß, Alexander badet sich in demselben, und wird mit einem heftigen Fieber befallen, II, 85

Cypselus, usurpirt die höchste Gewalt zu Korinth, und hinterläßt sie seinem Sohn, I, 8

Cyropolis, vom Alexander belagert, II, 147

Cyrus Lager, ein Land dieses Namens. Alexanders Ankunft in dasselbe, II, 84

Cyrus, der jüngere, kömmt zu Sardes an, I, 250. Tritt den Absichten Lysanders bey, Ebend. Verspricht ihm allen möglichen Beystand zu leisten, Ebend. Er wirft die Anerbietungen der Athenienser, Ebend. Entschließt sich, seinen Bruder Artaxerxes vom Thron zu stoßen, und macht ein Bündniß mit den Lacedämoniern, 269. Macht neue Versuche, seinen Bruder des Throns zu berauben, 275. Da ihn sein Bruder in sein Asiatisches Gouvernement verwiesen, bedient er sich aller Künste

seiner Gunst beym Volk, ihn zu stürzen, 276.
Fängt Krieg mit seinem Bruder an, Eb. Erhöhet den
Sold der Griechischen Truppen, 277. Gewinnt die Liebe
der Soldaten durch sein edelmüthiges Betragen, 278.
Kömmt mit dem Artaxerxes bey Kunaxa zum Treffen, 279.
Tödtet den Artagerses, welcher des Königs Leibwache
kommandirt, 280. Seine Worte beym Anblick seines
Bruders, Ebend. Tödtet sein Pferd, Ebend. Greift
ihn aufs neue an, Ebend. Stürzt sich mitten in eine
Salve von Pfeilen, Ebend. Wird von dem König ver-
wundet, Ebend. Fällt todt zur Erde,   Eb.
Cyzikus, von den Athenienstern erobert,   I, 247.

D.

Daher, werden vom Alexander bezwungen,   II, 148.
Damides, zu Megalopolis, II, 234.
Darius I. Hystaspis, sein Feldzug gegen die Scythen,
I, 70. Schlägt zu dieser Absicht eine Brücke über den
Jster, Ebend. Kehrt mit seiner Armee in Europa zurück,
und vermehrt seine vielen Eroberungen durch Thracien
und Macedonien, Ebend. Nimmt den Histidus mit sich
nach Susa, 71. Empfängt den Kopf des Histidus mit
Unwillen, 75. Weint über demselben, und läßt ihn ehrenvoll begraben, Eb. Schickt den Mardonius, als
höchsten Befehlshaber aller an der See belegenen Länder
von Assen, ab, vornehmlich den Brand der Stadt Sardes zu rächen, 76. Merkwürdige Worte von ihm, Eb.
Er verdoppelt seine Zurüstungen, da es ihm unglücklich
geht, 77. Nimmt dem Mardonius das Kommando, und
setzt den Datis und Artaphernes an seine Stelle, Ebend.
Entschließt sich, Griechenland mit seiner ganzen Macht
anzugreifen, 78. Schickt Herolde an die Griechischen
Staaten, ihnen seinen Unwillen anzukündigen, und zu
gleicher Zeit ihre Gesinnungen gegen ihn zu erfahren, Eb.
Nimmt den Demaratus mit großer Freundschaft auf, und
giebt ihm ansehnliche Besitzungen, 80. Behandelt die Eretria-
nischen Gefangenen mit großer Gelindigkeit, 84. Giebt ihnen
ein Dorf zur Wohnung, Eb. Die Niederlagen seiner Ge-
nerale bringen ihn zu dem Entschluß, persönlich das Kom-
mando zu führen, 95. Er macht neue Zurüstungen, Eb.
Stirbt während derselben,   Eb.
Darius III. bezeugt, auf die Nachricht von Alexanders
Landung in Assen, die größte Verachtung gegen die Mace-
donische Armee, II, 71. Schimpft in einem Briefe auf seine
Vermessenheit, 72. Giebt seinethalben sehr übermüthige
Befehle, Eb. Sein thörichter Stolz, Eb. Macht
Alexandern den Uebergang über den Granikus streitig, Eb.
Richtet aber nichts aus, 74. Bedient sich aller mögli-

chen Mittel eine große Armee zusammenzubringen, und sucht
seinen Truppen Muth zu machen, 83. Schicket den Memnon nach Griechenland, Macedonien anzugreifen, Eb.
Seine Hoffnungen von dieser Seite werden durch Mem-
nons Tod vereitelt, Eb. Läßt den Athenienser Charidemus
wegen seiner freymüthigen Reden hinrichten, 88. Der
prächtige Zug seines Heers, 88. ff. Er führt seine unzäh-
liche Armee in die Ebnen von Syrien, 91. Die Griechischen Generale geben ihm den Rath Halt zu machen, Eb.
Er verwirft ihren Rath, Eb. Von eitlem Stolz aufge-
blasen, entschließt er sich Alexandern zu verfolgen, Eb.
Schickt seine Schätze nach Damaskus, Eb. Marschiert
mit dem Hauptkorps seiner Armee nach Cilicien, Eb.
Wendet sich auf einmal gegen Issus, Eb. Hegt einen sehr
groben Irrthum, Eb. Aeußert ein sonderbares Gemisch
in allen seinen Handlungen, Eb. Läßt barbarischer Weise
zu Issus die mehrsten der Griechen, die sich in dieser Stadt
aufhalten, hinrichten, Eb. Beschreibung seiner Schlachtordnung, 94. Nimmt seinen Posten in dem Mittelpunkt
seiner Armee, 95. Ist in Gefahr von seinem Wagen geworfen zu werden, 97. Ist der erste, welcher die Flucht
ergreift, als er seinen linken Flügel weichen sieht, 98.
Schreibt einen zweyten Brief an den Alexander und bietet
ihm eine ansehnliche Summe zu Loskaufung seiner Mutter,
und seine Tochter zur Gemahlinn an, 115. Findet seine
Anträge mit Verachtung abgewiesen, 116. Rüstet sich
wieder zum Treffen, 121. Erhält die Nachricht vom
Tode der Statira; seine Unterredung mit Tireus bey dieser
Gelegenheit, Eb. Versammlet eine ungeheure Armee
zu Babylon, und marschiert nach Niniveh, 123. Sucht
Alexandern den Uebergang über den Tigris zu wehren,
Eb. Thut Alexandern neue Friedensvorschläge, 124.
Sie werden verworfen, Eb. Er schickt sich zum Treffen
an, Eb. Schlägt sein Lager bey Gaugamela auf, Eb.
Um nicht unversehens angegriffen zu werden, giebt er seinen Truppen Befehl, die ganze Nacht in den Waffen zu
bleiben, 126. Beschreibung seiner ungeheuren Armee,
127. Setzt sich in Bewegung, um Alexandern anzugreifen, 128. Wird für todt gehalten, 129. Kömmt in
große Gefahr durch die Flucht seiner Verwandten, Eb.
Zieht seinen Säbel, und ist im Begriff, sich selbst ums
Leben zu bringen, Eb. Schämt sich, seine Soldaten
zu verlassen, Eb. Fliehet mit den übrigen, und wird vom
Alexander verfolgt, Eb. Setzt mit einigen wenigen Begleitern über den Fluß Lykus, 131. Kömmt um Mitternacht nach Arbela, Eb. Fliehet von da gegen Medien,

Ebend. Kömmt nach Ekbatana, 136. Macht ſich Hoffnung, mit ſeinen wenigen Truppen ſeinem Gegner die
Spitze bieten zu können, Ebend. Wird von dem Nabar-
zones und Beſſus gefangen genommen, in goldne Ketten
gelegt, in einen bedeckten Wagen geſetzt, und nach Baktra
geführt, 137. Wird von ihnen wieder in Freyheit geſetzt,
und da er ſich weigert ihnen zu folgen, in einem elenden
Zuſtande zurückgelaſſen, Eb. Wird von den Macedoniern,
an einem einſamen Orte, in ſeinem Wagen liegend, und
ſeinem Ende nahe, gefunden, 138. Bittet um einen
Trunk; der ihm von dem Macedonier Polyſtratus gereicht
wird, Eb. Er trägt dieſem auf, ſeine letzten Worte dem
Alexander zu überbringen, Eb. Stirbt,   139.

Datis, ein Meder, wird von dem Darius nebſt dem
Artaphernes zum Nachfolger des Mardonius ernannt,
I, 77. Macht Anſtalt zum Treffen mit den Griechen, 88.
Wird geſchlagen,   90.

Delium, die Arthenienſer werden daſelbſt von den
Lacedämoniern geſchlagen,   I, 19.

Demades, wagt es, wiewohl er ein Gefangener iſt,
dem Philipp wegen ſeines übermüthigen Betragens Vorwürfe zu machen, II, 33. Wird wieder in Freyheit geſetzt,
und beſonders geehrt, Eb. Uebernimmt eine Geſandtſchaft
an Antipater die Zurückberufung der maceden. Beſatzung
in Athen zu bewirken, 197. Unterhält einen Brief-
wechſel mit Perdiccas, und ladet ihn ein, die Herrſchaft
in Macedonien zu übernehmen; dieß wird vom Antipater
entdeckt, und er nebſt ſeinem Sohne hingerichtet,   Eb.

Demaratus, giebt den Aegineten eine Entſchuldigung
an, warum ſie den Foderungen ſeines Gehülfen Kleomenes nicht Folge geleiſtet, I, 78. Verbannt ſich ſelbſt
aus ſeinem Vaterlande, 80. Begiebt ſich zum Darius,
und empfängt von ihm beträchtliche Einkünfte in Perſien,
Eb. Begleitet den Xerxes auf ſeinem Griechiſchen Feldzuge, 104. Seine Rede an den Xerxes,   112.

Demetrius, des Antigonus Sohn, wird bey Gaza
vom Ptolemäus geſchlagen, II, 214. Schlägt den Cilles,
Ptolemäus Feldherrn, und nimmt Cöleſyrien und Phönicien wieder ein, 215. Bezwingt die Inſel Cypern, 218.
Schlägt die ägypt. Flotte gänzlich; wird zum König von
Syrien ausgerufen; Admiral der Flotte gegen Aegypten;
wird von einem Sturm überfallen, Eb. Genöthigt nach
Syrien zurück zu gehen, 219. Greift Rhodus an, belagert die Hauptſtadt, Eb. Muß die Belagerung aufhe-
ben, 220. Wird von den Athenienſern um Hülfe gebeten;
nöthigt den Kaſſander von dieſer Stadt abzuziehen; bringt

auf der Verfolgung seine Armee in Unordnung und nöthigt
ihn, nach Macedonien zu fliehen, Eb. Der größte Theil
Griechenlands unterwirft sich und ernennt ihn zum Generalissimus, 221. Er marschirt seinem Vater zu Hülfe nach
Phrygien, 222. Wird in der Schlacht bey Ipsus geschlagen, Eb. Tödtet den Alexander, Sohn des Kassander, der ihn um Beystand gebeten hatte, seines Vaters
Königreich wieder zu erlangen, 247. Gewinnt eine Parthey und nimmt Macedonien in Besitz; läßt sich in neue
kriegerische Unternehmungen ein, Eb. Ergiebt sich den
Lastern, 248. Ptolemäus seegelt gegen seine griech. Besitzungen mit einer mächtigen Flotte, Eb. Lysimachus
bringt auf der Seite von Thracien in die Macedon. Besitzungen, und Pyrrhus rückt aus Epirus an; er muß
seine Staaten verlassen; Unglück bringt ihn wieder zur
Besonnenheit, Eb.

Demetrius von Phalerus, vom Kassander zum Statthalter von Athen ernannt, II, 236. Sein Charakter, Eb.
Seine weise, uneigennützige, freygebige, Staatsverwaltung erwerben ihm die Achtung der Athenienser, Eb.
Dreyhundert Statüen werden ihm errichtet, 237.

Demetrius II. König von Macedonien, II, 257.

Demetrius, macedon. Prinz, Sohn Philipps II, 283.
Von seinem Vater getödtet, 291. 292.

Democedes, griechischer Arzt, I, 78.

Demosthenes, landet auf der Insel Pylus, die Lacedämonier aus ihren dortigen Besitzungen zu vertreiben,
I, 188. Kommt dem Nicias bey seinem Syrakusanischen
Feldzuge, mit einer Flotte zu Hülfe, 218. Der prächtige
Aufzug seiner Flotte, Eb. Er jagt dem Feinde dadurch
ein Schrecken ein, 219. Setzt den Nicias durch seinen
übereilten Entschluß in Furcht, 220. Bringt den Nicias
und alle übrigen Generale auf seine Seite, Eb. Schränkt
sich darauf ein Epipolä anzugreifen, 221. Beschreibung
seiner Operationen, Eb. Sein Ruhm, 238.

Demosthenes, der Redner, weckt die Athenienser
durch seine eindringende Beredtsamkeit, I, 370. Sein
Charakter, 371. Dringt darauf, daß man den Olynthiern Hülfe sende, II. I. Demades und Hyperides widersetzen sich ihm, Eb. Seine Meynung behält die Ober-
hand, 2. Wird zu einem der zehn Gesandten an Philipp
ernannt, 4. Ist der einzige, der sich nicht von ihm bestre-
chen läßt, 5. Uebernimmt die Vertheidigung des Diopithes, 10. Bewegt die Athenienser, gegen Philipps Kunst-
griffe auf ihrer Hut zu seyn, 11. Hält eine Rede an die
Athenienser über den Brief, worinn ihnen Philipp Vor-

würfe macht, 16. Wirft ihnen ihre Trägheit vor, 17.
Widerräth ihnen, Philipps Friedensanträge anzunehmen,
19. Findet ſeinen Eifer für das Beſte ſeiner Landsleute
durch die mächtigen Bemühungen ſeiner Gegner vereitelt,
22. Hält eine ſehr nachdrückliche Rede an die Athenienſer
bey ihrer Beſtürzung über Philipps Einnahme der Stadt
Elatea, 24. Wird alſobald erwählt, die Geſandtſchaft,
die er vorgeſchlagen, anzuführen, 26. Geht nach Theben
ab, Eb. Seine männliche Beredtſamkeit iſt unwiderſteh-
lich Eb. Begeiſtert die Thebaner mit demſelben Patriotismus,
27. Thut alles mögliche die Bemühungen derer, welche
die Flamme; die er bey ſeinen Landsleuten entzündet,
auszulöſchen ſuchten, zu vereiteln, Eb. Es glückt ihm,
Eb. Wirft in der Schlacht bey Chäronea ſeinen Schild
weg, 32. Man unterwirft ſich ſeinem Rath, wiewohl
er allgemein für die Urſach der Niederlage ſeiner Landsleute durch Philipp gehalten wird, 37. Wird beſtellt,
die Stadt mit Lebensmitteln zu verſehen, und die Mauren
auszubeſſern, Eb. Wird mit noch größern Ehren über-
häuft, als er vorher genoß, Eb. Muß den tapfern
Männern, die in der Schlacht bey Chäronea geblieben,
die Lobrede halten, 38. Hat einen redneriſchen Streit
mit dem Aeſchines, Eb. Sieget über ihn, 39. Macht
einen guten Gebrauch von ſeinem Siege, Eb. Folgt dem
Aeſchines nach, da er Athen verläßt, und nöthigt ihn,
eine Geldbörſe anzunehmen, Eb. Geht auf die erſte
Nachricht von Philipps Tode, in die Verſammlung des
Volks mit einem Kranz auf dem Kopf und reicher Klei-
dung, ob es gleich erſt der 7te Tag nach dem Tode ſeiner
Tochter war, 47. Wiegelt die Griechiſchen Staaten
gegen den Alexander auf, 57. Schreibt an Attalus, einen
von Philipps Generals in Kleinaſien, ihn zur Empörung
zu reizen, 58. Bedient ſich eines Kunſtgriffs, um die
Griechen zu überreden, gegen Alexandern gemeine Sache
zu machen, Eb. Wird nach der Eroberung von Theben
zu einem der Geſandten ernannt, die ihn um Gnade bitten
ſollen, 63. Fürchtet ſeinen Zorn, verläßt die Geſandtſchaft, und kehrt nach Hauſe zurück, Eb. Erzählt die
Fabel von dem Wolf und den Hunden, als Alexander die
zehn Redner, die das Bündniß gegen ſeinen Vater zu
Stande gebracht hatten, ausgeliefert haben will, Eb.
Erklärt ſich nachdrücklich gegen Harpalus, 183. Wird
von ihm beſtochen, 184. Will, unter dem Vorwande
einer Erkältung, nicht gegen ihn ſprechen; wird beym
Areopagus verklagt, und um 50 Talente geſtraft; kann
ſie nicht bezahlen, und muß die Stadt meiden, Eb. Zeug-

nisse, welche beweisen, daß die Geschichte seiner Bestechung durch Harpalus eine Verläumdung der Feinde gewesen, 185. Wird zurückberufen und auf die ehrenvollste Art empfangen, 188. Wird zum Aufseher des Tempels Jupiter des Erhalters mit 50 Talenten Gehalt gemacht, damit er die Geldstrafe bezahlen kann, 189. Spricht für die athen. Freyheit aufs neue Eb. Soll dem Antipater ausgeliefert werden, 192. Flieht nach Kalauria, in den Tempel des Neptuns, 193. Archias, ein Akteur, wird an ihn geschickt; sucht ihn vergeblich zur Rückkehr zu bereden, Eb. Er vergiftet sich mit einem Federkiel, Ebd.

Diëneces, eine merkwürdige Antwort von ihm, I, 112.

Dimnus, macht eine Verschwörung gegen Alexandern, II, 143.

Diogenes, der Cyniker, besucht das Macedonische Lager an dem Tage vor der Schlacht bey Chäronea, II, 29. Sein Betragen gegen den Philipp, Eb. Wird von Alexander besucht, 66.

Diokles, sein Vorschlag, I, 234.

Diomedon, seine Anrede an seine Ankläger, I, 254.

Diopithes, wird vom Demosthenes vertheidigt, II 10.

Dodanim, Javans vierter Sohn, läßt sich in Thessalien und Epirus nieder, I, 4.

Drako, wird von den Athenensern zu ihrem Gesetzgeber erwählt, I, 38. Nachricht von seinen harten Gesetzen, Eb. und II, 369.

E.

Egypten, vom Alexander erobert, II, 118.

Ekbatana, die Wollüste dieser Stadt sind den Macedonischen Soldaten sehr nachtheilig, II, 142.

Elektryon, König von Mycene, I, 5.

Elisa, Javans ältester Sohn, giebt den Griechen ihren allgemeinen Namen, I, 4.

Epaminondas, sein Charakter, I, 328 f. Wird zum General der Thebanischen Armee erwählt, 330. Marschiert gegen den Kleombrosus ab, Eb. Seine Antwort, da man ihn durch böse Vorbedeutungen vom Aufmarsch abzuschrecken sucht, 331. Macht seine Truppen, durch Verbreitung günstiger Vorbedeutungen, Muth und Hoffnung, Eb. Besetzt einen Paß gegen den Kleombrosus, 332. Man entschließt sich auf seine Meynung zum Treffen, Eb. Ersicht einen Sieg über die Lacedämonier, 334. Dringet mit einer Armee in Lakonien, 337. Verwüstet und plündert es bis an den Eurotas, Eb. Rückt in Ar-

kabeln, und setzt es wieder in Besitz seiner vormaligen
Rechte und Freyheiten, Eb. Kehrt mit dem Pelopidas zurück,
um sich wegen der gegen ihn vorgebrachten Anklage zu
rechtfertigen, 338. Wird als ein Verbrecher gegen den
Staat vor Gericht gefodert; Sein muthiges Betragen
vor Gericht, Eb. Wird rühmlich losgesprochen, 339. Nimmt
ein sehr niedriges Amt an, welches ihm von seinen Feinden zum Schimpf aufgetragen wird, Eb. Rückt mit
einer mächtigen Armee in Thessalien, 341. Alexander von
Pherä unterwirft sich ihm, Eb. Er befreyt den Pelopidas
aus der Gefangenschaft, Eb. Marschiret bey Nacht nach
Sparta, in der Absicht, die Stadt zu überfallen, 342.
Findet sein Vorhaben entdeckt, und gebraucht Gewalt,
statt der Kriegslist, Eb. Greift die Stadt von verschiednen Seiten an; Dringt bis auf den Markt, Eb. Entschließt
sich, da seine Absichten ihm fehlschlagen, den Lacedämoniern und Athenensern ein Treffen zu liefern, 343. Thut
den Angriff, 345. Wagt sein eignes Leben, 347. Bekömmt eine tödtliche Wunde, 348. Seine letzte Worte,
349. Nimmt den Philipp, des Amyntas Sohn, als
Lehrling, zu sich, 358.

Ephesus, Alexander schenkt dem Tempel der Diana
daselbst den jährlichen Tribut, welcher sonst den Königen
von Persien bezahlt wurde, II, 79.

Ephialtes, Vermindert die Macht des Areopagus,
I, 161. will nicht, daß man den Lacedämoniern in dem
Kriege mit ihren Sklaven zu Hülfe komme, I, 162.

Ephoren, eine Obrigkeit, ihre Anordnung und Gewalt, I, 19. II. 363.

Epidaurus, I, 204. II, 390. 391.

Episthenes, ein Griechischer General gegen die Perser, I, 281.

Eretria, Phocion vertreibt den Plutarch, nachdem er
seine Verrätherey entdeckt, aus dieser Stadt, II, 14.

Euäphnus, ein Lacedämonier, sein Streit mit dem
Polychares, einem Messenier, I, 33.

Euböa, schlägt sich zu den Peloponnesern, I, 246.

Eudamidas, besteigt nach dem Tode seines Bruders,
Agis, den Thron von Sparta, II, 181. Sein Charakter,
182. Widersetzt sich der Fortsetzung des Kriegs mit Macedonien: merkwürdige Aussprüche von ihm, Ebend.

Eumenes, als Statthalter von Cappadocien und
Paphlagonien angestellt, II, 202. Von einem seiner Offi-
ciers verrathen und vom Antigonus gänzlich geschlagen,
207. Sammelt seine Leute wieder und entgeht den Ver-
folgern; kömmt wieder auf das Schlachtfeld, und ver-

brennt die Körper der Erschlagenen; zieht sich in die
Festung Nora, mit einem auserlesenen Korps Truppen;
hält sich ein Jahr lang gegen die ganze Macht des Antigonus, und zwingt ihn die Belagerung aufzuheben, Eb.
Olympias ernennt ihn zum Oberfeldherrn in Asien, 208.
Seine große Geschicklichkeit in Verwaltung seiner Amts-
geschäfte, 209. f Wird vom Antigonus in den Winter-
quartiren angegriffen, 210. Sein Fußvolk schlägt die
Phalanx des Antigonus; seine Armee wird über den Verlust ihres Gepäckes gegen ihn erbittert, Ebend. Die
Soldaten fesseln ihn; seine damalige Rede an sie, 211.
Gefesselt wird er in des Antigonus Lager gebracht und
hingerichtet, Eb.

Euripides, ein athen. Trauerspieldichter, I, 239. 256.

Eurybiades, Anführer der Spartanischen Flotte gegen den Xerxes, thut den Vorschlag, daß die Flotte mit
der Landarmee agiren solle, I, 120. Glaubt, daß eine
beißende Antwort des Themistokles auf ihn ziele, und will
ihn schlagen; Erhält eine merkwürdige Antwort, Eb.

Eurydice, Philipps Mutter, ersucht den Pelopidas,
welcher ihn mit andern Geißeln nach Theben nimmt,
ihm eine seinem Stande gemäße Erziehung zu geben,
I, 358.

Eurydice, Enkelin Philipps von Macedonien, ver-
heirathet mit Philipp Aridäus, II, 201. Stellt eine Armee gegen die Olympias auf, 238. Schreibt dringend
an Kassander um Beystand; setzt den Polysperchon von
der Staatsverwaltung ab. Ebend. Wünscht das Gefecht zu vermeiden, bis sie von Kassander Verstärkung
erhalten, 239. Wird von ihren Truppen verlassen; fällt
der Olympias in die Hände; in ein Gefängniß gesperrt,
Ebend. Olympias läßt ihr die Wahl, durch einen
Dolch, Gift oder Strick zu sterben; der Bote findet sie
beschäftigt mit Verbindung der Wunden ihres todten Ge-
mahls; sie empfängt die Botschaft der Olympias mit gesetztem Muth; ihre Bitte an die Götter; sie erwürgt sich
selbst mit dem Strick, 240.

Eurysthenes, gemeinschaftlicher König von Sparta
mit dem Prokles, I, 13.

Eurydemus, athen. Feldherr, I, 217.

G.

Gabaza, Alexander marschiert in dieses Land, um
seine Melancholie nach dem Tode des Klitus zu zerstreuen,
II, 151.

Gallier brechen in Macedonien ein, II, 245. Da man
ihnen eine geforderte Geldsumme abschlägt, so greifen sie

den Ptolemäus Ceraunus an, schneiden ihm den Kopf ab,
und tragen ihn auf der Spitze einer Lanze durch ihre Glieder, 250. Sosthenes thut ihnen tapfern Widerstand; ein
neuer Schwarm, von Brennus angeführt, dringt in Macedonien ein, und haut den Sosthenes und seine brave
Armee in Stücken; nachdem sie allen Reichthum des Landes fortgeschleppt, kehren sie sich gegen Griechenland;
die griech. Staaten, durch die äusserste Gefahr belebt, be-
dienen sich einer strengen Kriegszucht und weiser Rath-
schläge, sichern die Päsfe von Thermopylä, schicken eine
Flotte an die Küsten Thessaliens die Operationen der Landarmee zu unterstützen, Ebend. Nach mehrern Verlust muß
Brennus von seinem Vorhaben den Paß zu überwältigen,
abstehen, 251. Schickt ein Korps Truppen ab, Aetolien
zu plündern; die Hälfte davon wird niedergemacht; die
Thessalier zeigen ihm den Weg über den Oeta; er rückt
gegen den Tempel zu Delphi, um ihn zu plündern; die
Delphier, von Religionseifer belebt, thun einen verzweifelten Ausfall auf die Barbaren, die von panischem
Schrecken ergriffen, eiligst fliehen; sie werden einen Tag
und Nacht verfolgt; die meisten kommen um; Brennus
tödtet sich selbst; wenige Ueberlebende suchen zu entkom-
men, werden aber von den verschiedenen Nationen vernichtet, durch welche sie ziehen, Ebend. Sie thun einen
neuen Einfall; die Macedonier fliehen; auf dem Wegzug
werden sie beunruhigt, vom Antigonus an einen nach-
theiligen Platz gezogen und endlich niedergemacht, 253.

Gast, merkwürdige Geschichte eines undankbaren
Gastes,   II, 8.
Gaugamela, merkwürdige Schlacht daselbst zwischen
dem Darius und Alexander,   II, 127-130.
Gaza, Alexander findet daselbst größern Widerstand,
als er erwartet, II, 118. Die Stadt wird von ihm ge-
stürmt, und die Besatzung auf seinen Befehl niederge-
hauen,   Eb.
Gnidus, Seegefecht daselbst,   I, 319.
Gordischer Knote, wird vom Alexander zerhauen,
                                               II, 83.
Granikus, Alexanders merkwürdiger Uebergang über
diesen Fluß,   II, 73. f.
Griechenland, frühester Zustand desselben, I, 1. Spar-
tanische Regierungsform und Gesetze des Lykurgus, 12.
II, 347. Athenienfische Regierungsform, Gesetze des
Solon, und Geschichte der Republik von Solon bis auf
den Anfang des Persischen Krieges, I, 37. II, 367. Kurze
Uebersicht seines Zustandes vor dem Anfange des Persischen

Kriegs, I, 58. Von der Verbannung des Hippias bis auf den Tod des Darius, 66. Von dem Tode des Miltiades bis auf den Rückzug des Xerxes aus Griechenland, 94. Von dem Rückzuge des Xerxes, bis auf den Frieden zwischen den Griechen und Persern, 126. Von dem Siege zu Mykale, bis auf den Anfang des Peloponnesischen Krieges, 139. Von dem Persischen Frieden bis auf den Frieden des Nicias, 159. Von dem Frieden des Nicias bis auf das Ende des Peloponnesischen Krieges, 194. Vom dem Untergange der Athenensischen Macht, bis auf den Tod des Sokrates, 268. Von dem Tode des Sokrates, bis auf den Tod des Epaminondas, 316. Von der Geburt bis auf den Tod Philipps, Königs von Macedonien, 356 und II, 1. Von der Geburt Alexanders bis auf seinen Feldzug gegen Asien und seinen Tod, II, 18. Von der Zerstörung Thebens bis auf Antipaters Tod, 176. Vom Tode Alexanders bis auf den Tod des Antigonus, 199. Vom Tode des Antipaters bis auf den Untergang der Familie Philipps, 223. Von diesem Zeitpunct bis auf die Verbindung der Macedonier und Achäer gegen die Aetolier, 244. Von der Verbindung der Aetolier und Spartaner gegen die Achäer bis auf Antiochus des Großen Einfall in Griechenland, 264. Von diesem Einfall an bis auf die Gefangenschaft der vornehmsten Achäer in Italien, 283. Von der Gefangennehmung der Achäischen Häupter bis auf die Eroberung Konstantinopels durch die Türken, 297. Elender Zustand Griechenlands in dieser Periode, 298 - 301.

Griechische Litteratur. Ihre Schicksale in verschiedenen Perioden, I, 59. 263. ff. II, 324. ff.

Griechische Staaten, ihr Bündniß wird durch Persische Bestechung geschwächt, I, 317.

Gylippus, der Lacedämonische General, kömmt den Syrakusanern zu Hülfe, I, 211. Stürmet das Fort Labdalus, 212. Schlägt die Athenienser, 213. Bewegt die Syrakusaner, die stärkste Flotte, die sie nur können, auszurüsten, und ein Seetreffen zu wagen, 214. Führt alle seine Truppen bey Nacht heraus, um die Forts zu Plemmyrium anzugreifen, 215. Nimmt die größten derselben mit stürmender Hand ein, Eb. Legt Truppen in Katona, 219. Marschiert aus den Verschanzungen zu Epipolä, 221. Beraubt den Nicias aller Hoffnung eines glücklichen Ausgangs, 222. Wird von den Tyrrheniern zurückgeschlagen, 224. Erhält einen vollkommenen Sieg über die Athenienser, 232. f. Giebt sich vergebens alle mögliche

Mühe, den Niclas und Demosthenes von den Syrakusanern ausgeliefert zu erhalten, 236.

5

Halikarnassus wird vom Alexander belagert, II, 80. Thut muthigen Widerstand, 81. Wird erobert, und von Grund aus zerstört, Ebend.

Harmodius, Tyrannenmörder, I, 55 f.

Harpagus, ein Persischer General, schlägt den Histiäus, nimmt ihn gefangen, und schickt ihn an den Artaphernes, I, 74. f.

Harpalus, Alexanders Gouverneur von Babylon, geht aus Unwillen über die Grausamkeiten seines Herrn, und selbst begierig nach Macht, nach Griechenland, II, 170. 183. Bringt ein Korps von sechs tausend Mann zusammen, und landet zu Athen. Ebend. Verschwendet unermeßliche Summen unter die dasigen lohnsüchtigen Redner; Sucht den Phocion zu bestechen, findet es aber unmöglich Eb. Erhält von der Versammlung des Volks Befehl, die Stadt zu verlaffen, 184. Verliert alle Hoffnung, seine Absicht zu erreichen, Ebend.

Hegesandrides, ein Spartanischer General, gewinnt einen Vortheil über die Athenienser. I, 246.

Heilige Schaar, ein Bataillon in der Thebanischen Armee, durch Treue und Tapferkeit ausgezeichnet, I, 332. Bleibt viele Jahre hintereinander unüberwindlich, bis sie von dem Macedonischen Phalanx unter dem Philipp niedergehauen wird, II, 30.

Helena, Königinn von Sparta, berühmt wegen ihrer Schönheit und Untreue, I, 7.

Heloten, empören sich, ihre Rechte zu behaupten, I, 13. Werden von den Bürgern überwunden, und zu Kriegsgefangenen gemacht, 14. Werden zu ewiger Sklaverey verdammt, Ebend. Ergreifen die Waffen gegen ihre Herren, und drohen dem Spartanischen Staat seinen Untergang, 162. Werden durch Annäherung des Cimon zum Gehorsam gebracht, Ebend. Machen einen neuen Aufstand; Bemächtigen sich einer starken Festung; Halten eine Belagerung von zehn Jahren aus, Eb. Die Lacedämonier schenken den Belagerten das Leben, unter der Bedingung, daß sie auf ewig den Peloponnes verlaffen, 163.

Hellespont, Phocion vertreibt den Philipp aus demselben, II, 18.

Hephästion, Alexanders Günstling, begleitet ihn in das Zelt der Sysigambis, II, 100. Sein kluges Betragen bey der Gelegenheit. Ebend. Wird irrig für den König angesehen, 101. Erhält ein großes Kompliment von

ihm, Ebend. Erhält Erlaubniß, den Sidoniern einen
König zu geben, 104. Bietet den beiden Brüdern, in deren Hause er logirte, die Krone an, Ebend. Seine Worte
an dieselben, als sie sich sie anzunehmen weigern Eb. Macht
die nöthigen Veranstaltungen zu Alexanders Uebergange
über den Indus, 154. Heirathet die jüngste Tochter des
Darius, 169. Verliert sein Leben durch unmäßiges Trinken, 170. Sein Tod setzt Alexandern in äußerste Betrübniß, Ebend.

Herkules, Sohn Alexanders des Großen von Barsine,
Wittwe des Memnon, von der Thronfolge in Macedonien
ausgeschlossen, II, 200. Vom Polysperchon auf Kassanders Antrieb ermordet, 217.

Hipparchus, des Pisistratus Sohn, schändet des Harmodius Schwester, I, 55. Wird durch die Dolche des
Harmodius und seiner Freunde ums Leben gebracht, 56.

Hippias, des Pisistratus Sohn, geht damit um, den
Tod seines Bruders zu rächen, I, 56. Wird durch das
unerschrockne Betragen einer Buhlerinn entrüstet, Ebend.
Setzt seinem Unwillen keine Gränzen, 57. Giebt seine
Tochter dem Sohn des Tyrannen von Lampsakus zur
Gemahlinn, Ebend. Unterhält eine Korrespondenz mit
dem Artaphernes, Gouverneur von Sardes; Wird durch
die Bundsgenossen, von denen er sich den größten Beystand versprach, gestürzt; Die Alkmäoniden machen ihm
die Spartaner zu Feinden Eb. Er trifft einen Vergleich mit
den Spartanern, um seine Kinder aus der Sklaverey zu
befreyen, 58. Läßt seine Ansprüche auf die höchste Gewalt
fahren, Ebend. Begleitet die Persische Armee, 54. Führt
sie durch die sichersten Märsche in das Herz von Griechenland, Ebend. Kömmt um, 90.

Histiäus, der Tyrann von Milet, widersetzt sich dem
Rath des Miltiades, I, 70. Wird von dem Darius mit
nach Susa genommen, 71. Sieht seinen gezwungenen
Aufenthalt daselbst als eine Art von Gefangenschaft an,
Ebend. Verläßt den Persischen Hof, da er siehet, daß
man daselbst Verdacht auf ihn hat, 74. Wird von dem
Artaphernes wegen Verrätherey angeklagt, Ebend. Seine
eigne Milesier wollen ihn nicht für ihren Herrn erkennen,
Ebend. Bringt einige zerstreute Ueberbleibsel der geschlagenen Armeen wieder zusammen, Ebend. Kömmt mit
dem Harpagus, einem der Persischen Generale, an einander, 75. Wird von ihm geschlagen und gefangen genommen, Ebend. Wird an den Artaphernes geschickt, und
auf dessen Befehl gekreuzigt, Ebend.

Hund, merkwürdige Treue eines Hundes, I, 118.

Hydaspes, Alexander geräth in größe Verlegenheit durch die Schwierigkeiten bey dem Uebergange über diesen Fluß, II, 155.

J.

Javan, Japhets Sohn, Stammvater aller Griechen, I, 3.

Jaxartes, Alexander findet große Schwierigkeiten über diesen Fluß zu setzen, II, 147.

Illyrier, thun in Macedonien einen Einfall und verwüsten es, II, 271. Antigonus schlägt sie, Ebend.

Indien, einige Nachrichten davon, II, 153. 436.

Inachus, erster König von Argos, I, 4.

Indus, Alexander kömmt an das Ufer dieses Flusses, und findet alles zu seinem Uebergange bereit, II, 154.

Jonier, Miltiades räth ihnen, die Brücke, die Darius über den Ister geschlagen, abzuwerfen, und den Persern den Rückzug abzuschneiden, I, 70. Sie verwerfen seinen Rath, Ebend. Werden, unter dem Kommando des Aristagoras, von den Persern mit großem Blutvergießen zurückgetrieben, 74. Sie verlieren alle Hoffnung, 75. Sie befestigen Milet, Ebendaselbst. Sie strengen alle ihre Kräfte zur See an; Das Persische Gold vereitelt alle ihre Bemühungen, Ebend.

Iphikrates, ein athen. Feldherr, I, 354. 358.

Isadas, ein junger Spartaner, seine Schönheit und ungewöhnliches kriegerisches Ansehen, I, 343. Wird belohnt, und zugleich mit einer Geldbuße bestraft, Ebend.

Isagoras, von den Reichen unterstützt, die er in Noth gebracht hat, trachtet nach der höchsten Gewalt in Athen, I, 67.

Ismenias, ein Thebaner, 321.

Isokrates, der berühmte Lehrer der Redekunst, will die Schande seines Vaterlandes nach der Niederlage bey Chäronea nicht überleben, und hungert sich daher zu Tode, II, 34. f.

Isthmische Spiele, die Belohnungen der Sieger in denselben werden vom Solon vermindert. I, 48.

K.

Kadmus, der Erbauer von Theben, I, 6.

Kalanus, ein Indianischer Priester, Onesikritus wendet sich an ihn, und sucht ihn zu bereden an den Hof Alexanders zu kommen, II, 162. Er folgt ihm dahin, und wird mit großer Freude empfangen, 163. Entschließt sich, sich ums Leben zu bringen, 168. Läßt sich durch Alexanders Gegenvorstellungen nicht von seinem Entschluß abbringen,

Ebend. Sein Betragen auf dem Scheiterhaufen, 169.

Kallas, rückt gegen Polysperchon, II, 241. Setzt diesen außer Stand, der Olympias zu Hülfe zu kommen, 242. Macht Manifeste gegen ihre Staatsverwaltung bekannt, **Ebend.**

Kallias, ein reicher Athenienser, I, 154.

Kallibius, Anführer der Wache zu Beschützung der dreyßig Tyrannen, I, 269.

Kallikratidas, wird zum Nachfolger des Lysander ernannt, I, 252. Sein Charakter, **Ebend.** Sein erster Versuch gegen Methymna; Nimmt es mit Sturm ein; Drohet dem Konon; Verfolgt ihn in den Hafen von Mitylená; Nimmt ihm dreyßig Schiffe weg, und belagert ihn in der Stadt Eb. Zieht in einem Seetreffen mit den Atheniensern den Kürzern, 253.

Kallimedon zum Tode verurtheilt, II, 227.

Kallisthenes, der Philosoph, will Alexandern nicht für den Sohn Jupiters erkennen, II, 152. Wird wegen seiner Freymüthigkeit hingerichtet, **Ebend.**

Kappadocien, wird vom Alexander bezwungen, II, 84.

Karanus, erster Beherrscher des Königreichs Macedonien, I, 8.

Kassander, Sohn des Antipater, commandirt ein beträchtliches Corps mit dem Befehl, über das Benehmen des Antigonus zu wachen, II, 206. Bemächtigt sich der Regierung in Macedonien, 217. Ist mit der Staatsverwaltung in Macedonien unzufrieden, 223. Sucht den Polysperchon zu verdrängen, 224. Flieht zum Antigonus, 231. Er erhält von ihm Hülfe und seegelt nach Athen, **Ebend.** Behandelt den Nicanor mit größter Achtung, 235. Glaubt einem Gerüchte, daß dieser sich zum Oberherren in Attika machen wolle, **Ebend.** Ladet ihn zu einer Berathschlagung über wichtige Dinge ein, stellt Truppen in ein leeres Haus und läßt ihn ermorden; Söhnt die Athenienser durch sein einnehmendes Betragen mit seiner Regierung aus, **Eb.** Macht den Demetrius Phalereus zum Statthalter von Athen, 236. Eilt, so viel ihm möglich ist, der Eurydice zu Hülfe, nach Empfang ihres letzten Briefs, 238. Die Aetolier machen ihm den Weg durch die Pässe bey Thermopylä streitig, 241. Er vermeidet ein Gefecht, indem er seine Armee einschifft, und erreicht Macedonien, ehe Polysperchon und Olympias seine Annäherung erfahren, **Ebend.** Schließt sie und ihre Armee in die Stadt Pydna ein, 242. Blockirt die Pässe von Epirus und versetzt die Armee des Aeacides in solche üble Umstände, daß

ste sich ihm unterwirst, Ebend. Er behandelt die Ueber-
läufer sehr gütig, 243. Olympias muß sich ergeben; er
bietet ihr ein Schiff nach Athen zu fahren an; schickt ein
Korps Soldaten, sie zu tödten, ab, Ebend. läßt ihren
Körper einige Zeit unbeerdigt liegen, 244. Setzt die Roxane und ihren Sohn Alexander ins Gefängniß zu Amphipolis, Ebend. Rückt mit einer mächtigen Armee nach
Griechenland, 245. Die Aetolier machen ihm den Weg
streitig, er öffnet sich ihn mit Gewalt, geht zu den Ruinen
von Theben, mit dem Entschluß, die Stadt wieder aufzubauen, und ladet die Thebaner ein, ihm hierin beyzustehen,
Ebend. Er geht nach dem Peloponnes, findet bey seiner
Ankunft auf der Erdenge eine Verschanzung von Alexander
Sohn des Polysperchon aufgeworfen; setzt seine Armee in
flachen Booten über; bringt die vornehmsten Städte zu
seiner Parthey; läßt den Molykus zur Besetzung des Isthmus zurück und geht wieder nach Macedonien, 246 Von
schlauen und mächtigen Feinden umgeben, erfährt er die
Sorgen der Oberherrschaft, 246. f. Sein Tod, 247.

Kassander, Statthalter von Karien, im Kriege mit
Untigonus begriffen, II, 214.

Kastabala, Alexander kömmt daselbst an, II, 90.

Klazomenä, Alcibiades entflieht dahin, I, 247.

Kleander unternimmt die Ermordung des Parmenio,
II, 144. f. wird wegen seiner Ungerechtigkeit hingerichtet, 158.

Klearchus, ein verbannter Spartaner, leistet dem Cyrus gute Dienste, I, 277. Giebt sich alle mögliche Mühe,
die Peloponnesischen Truppen unter seinem Kommando
für ihn zu gewinnen, Ebend. Besänftigt den entstande-
nen Tumult durch eine listige Ausflucht; wird zu einem
ihrer Abgeordneten erwählt, Ebend. Kommandirt den
rechten Flügel der Griechen bey Cyrus Armee, 279. Kömmt
bey seiner Rückkehr von Verfolgung der Perser dem Lager
zu Hülfe, 280. Schickt sich zum Treffen an, 283. Sein
Betragen gegen die Herolde des Artaxerxes, Eb. Seine
Zusammenkunst mit dem Tissaphernes, 284.

Kleinasien, Verschiedene dasige Könige unterwerfen
sich Alexandern, II. 82.

Kleambrotus, des Leonidas Bruder, wird zum Anführer der Landoperationen gegen den Xerxes ernannt,
I, 119.

Kleombrotus, der Spartanische General, marschiert,
seines Sieges gewiß, gegen die Gränzen von Böotien,
I. 330. Thut Foderungen an die Thebaner, Ebend. Em-

bschlägt eine sehr ungünstige Antwort, Ebend. Macht Anstalt zum Treffen mit den Thebanern, 331. Wird in Unordnung gebracht, 334. Bleibt im Treffen, Ebend.

Kleomenes, König von Sparta, Isagoras spricht ihn um Beystand an, I, 67. Nimmt sich seiner Sachen an, Ebend. Macht sich die Trennungen in Athen zu Nutze, und bewirkt die Verbannung des Klisthenes mit sieben hundert Familien, Ebend. Bemüht sich, dem Staat eine neue Form zu geben, findet sich aber genöthigt, nach vergeblichen Versuchen abzuziehen, 68. Aristagoras spricht ihn um Beystand an, 72. Er verschmäht seine Bestechungen mit Unwillen, 73. Wird nach Aegina geschickt, diejenigen in Verhaft zu nehmen, welche das Volk bewogen hatten, den Darius für seinen Oberherrn zu erkennen, 79. Findet seine Foderung verworfen, Ebend. Kehrt nach Sparta zurück, um sich an seinem Gehülfen Demaratus zu rächen, Ebend. Sucht es dahin zu bringen, daß er abgesetzt werde, Ebend. Man entdeckt, daß er die Pythische Priesterinn bestochen, 80. Er bringt sich selbst ums Leben, Ebend.

Kleomenes III. besteigt den Spartanischen Thron, II, 266. Findet sein Vaterland im kläglichsten Zustand; versucht den kriegerischen Geist seiner Landsleute wieder zu beleben, Ebend. Bezwingt verschiedene Städte in Arkadien, 267. Verheert die mit Achaien verbundenen Städte; rückt gegen den Aratus; schlägt die Achäer bey Lycäum und Ladocea; geht nach Sparta, macht die Ephoren nieder und führt Lycurgs Gesetze wieder ein, Ebend. Plündert das Gebiet von Megalopolis, überwältigt die Achäischen Linien bey Hecatombäum und erhält einen vollkommenen Sieg, 268. Die Mantineer begeben sich unter seinen Schutz; die Achäer suchen um Friede an, Ebd. Nimmt von einem vortheilhaften Paß am Oneischen Gebürge Besitz, den er aber verlassen muß, 270. Zieht sich nach Sellasia zurück, um Sparta zu decken; ordnet eine meisterhafte Stellung seiner Truppen an, Ebend. Wird durch Mangel an Lebensmitteln genöthigt, seine Verschanzungen zu verlassen und mit dem Antigonus sich in ein Gefecht einzulassen, 271. Wird geschlagen, flieht nach Sparta, von da nach Aegypten, wo er einen ehrenvollen, aber zu frühen Tod findet, Eb.

Kleon, hindert die Friedensvorschläge, I, 187. Landet auf der Insel Pylus, um die Lacedämonier aus ihren besigen Besitzungen zu vertreiben, 188. Wird umgebracht 190.

Klisthenes, führt den Ostracismus ein, I, 67. Wird aus Athen verbannt, Ebend. Kehrt zurück und stellt die Solonische Verfassung wieder her, 68.

Klitus, wird vom Alexander zum Gouverneur der Provinz Marakanda gemacht, II, 148. Einige Nachrichten von ihm, Eb. Wird vom Alexander bey einem Gastmahl ermordet, 149. f.

Knidus s. Gnidus.

Kodrus, König von Athen, opfert sich für sein Volk auf, I, 6.

Konon, der Athenienfische General, kommandirt die Persische Flotte gegen die Spartaner, I, 319. Nimmt funfzig ihrer Schiffe weg, und verfolgt die übrigen in einen Hafen, Ebend.

Korinth, Revolutionen in seiner Regierung, I, 8. Alexander läßt daselbst die Griechischen Staaten zusammen kommen, II, 64. Wird zerstört, 299.

Korinther, suchen neue Unruhen zu erregen, I, 194. Sehen sich genöthigt, die Garnison aus Argos zurückzuziehen, I, 310.

Koronea, Schlacht daselbst. I, 319.

Kotys, König von Thracien, II, 9.

Kraterus, ein maced. Feldherr, heirathet die Philla, Antipaters Tochter, II, 194. Marschirt mit ihm gegen die Aetolier, Eb. Wird Statthalter von Macedonien und ganz Griechenland, 202. Gegen den Eumenes ausgeschickt, 205. Seine Armee wird geschlagen und er selbst getödtet, Eb.

Kritias, einer der dreyßig Tyrannen, entsetzt den Theramenes seiner Stelle, I, 271. Kömmt in einem Treffen mit dem Thrasybulus um, 273.

L.

Lacedämonier, ihre Verfassung, s. Griechenland; sprechen die Athenienser, bey dem Aufstande der Heloten, um Hülfe an, I, 162. Werden mächtig von dem Cimon unterstützt, Ebend. Bitten wieder um Beystand, der ihnen aber abgeschlagen wird, 163. Endigen den Krieg gegen die Rebellen für sich selbst, Ebend. Sind eifersüchtig auf die Athenienser, 168. Gerathen durch die glücklichen Operationen des Perilles in Thracien noch mehr in Verlegenheit, Ebend. Schicken, ehe sie den Krieg öffentlich erklären, Gesandte an die Athenienser, 171. Ihre Foderungen, Ebend. Erneuern ihre Feindseligkeiten, 175. Fallen in das Athenienfische Gebiet ein, Ebend. Schicken Gesandte nach Athen, 198. Stehen den Syrakusanern bey, 210. Schlagen die Athenienser zu Lande, 212. und zur See, 218. s. Machen sich die Uneinigkeiten in Athen zu Nutze, 236. Ziehen in einem Seetreffen gegen die Athenienser, den Kürzern, 247. Gerathen über das Glück des

Alcibiades in Furcht, 249. Erwählen den Isander zu ihrem General, Ebend. Nöthigen die Athenienser, ihre Demokratie abzuschaffen, 268. Schließen ein Bündniß mit dem Cyrus, 269. Schreiben auf eine niederträchtige Art an den Pharnabazus, daß er ihnen ihren furchtbaren Feind, Alcibiades, vom Halse schaffe, 270. Bemühen sich, den Atheniensischen Flüchtlingen ihre Zuflucht zu rauben, 272. Verbieten den Griechischen Städten, durch ein Edikt, sie bey sich aufzunehmen, Eb. s. ferner den Art. Spartaner.

Lamachus, seine Gründe, geradeswegs auf Syrakus loszugehen, werden verworfen, I, 206. Wird von seinen Leuten verlassen, 209.

Leäna, eine berühmte athen. Bulerin, I, 56.

Lelex, wird für den ersten Stifter von Sparta und Lacedämon gehalten, I, 7.

Leonidas, wird mit sechs tausend Mann abgeschickt, den wichtigen Paß Thermopylä zu beschützen, I, 110. Da er es unmöglich findet, seinen Posten zu behaupten, räth er den Truppen der Bundsgenossen, sich zurückzuziehen, 113. Entläßt alle, seine dreyhundert Spartaner ausgenommen, 114. Seine merkwürdige Anrede an dieselben, Ebend. Ist der erste, welcher fällt, Ebend.

Leonidas, einer von Alexanders Lehrern, ein besonderes Beyspiel von der Strenge seiner Moral, II, 50.

Leonidas II. König von Sparta, II, 265.

Leonnatus, macedonischer Feldherr, II, 191.

Leosthenes rückt mit einer mächtigen Armee gegen Antipater, II, 189. Schlägt den Antipater, dessen Truppen zu ihm übergehen, Ebend. Greift die Stadt Lamia an, wohin sich Antipater begeben; wird durch einen Stein getödtet, 190.

Leotychides, des Demaratus Nachfolger als Gehülfe des Kleomenes, I, 80. Tritt den Maaßregeln des letztern bey, Eb. Züchtigt die Aegineter, Eb. Geht in See, 137. Landet mit seinen Truppen zu Mykale, Ebend. Erhält einen vollkommenen Sieg, Ebend.

Lykurgus, sein Charakter, I, 14. Er opfert seinen Ehrgeiz seiner Pflicht auf, Ebend. Seine Reisen, 15. Findet es, bey seiner Rückkunft nach Sparta, nöthig, die ganze Staatsverfassung zu ändern, 16. Theilt sein Vorhaben seinen vertrauten Freunden mit, bringt die Vornehmsten auf seine Seite, und setzt seinen Verbesserungsplan durch, 17. Seine Anordnungen und Gesetze, 17—32 und II, 350. ff.

Lykurgus, ein Atheniensischer Redner, bringt es dahin, daß der General Lysikles, wegen seines Mißverhal-

tens in der Schlacht bey Chäronea, zum Tode verdammt
wird, II, 35. Macht ihm bittere Vorwürfe, Ebend. Sein
Charakter und seine Beschäftigungen, 35. 36.

Lykurg, alleiniger König von Sparta, II, 273.

Lysander, wird von den Lacedämoniern zum General
gegen den Alcibiades erwählt, I, 249. Sein Charakter,
Ebend. Er führt die Armee nach Ephesus, 250. Erhält
Nachricht von Cyrus Ankunft zu Sardes, Ebend. Besuch: ihn von Ephesus aus; Beklagt sich über die Falsch-
heit des Tissaphernes, Eb. Bemannt einige wenige Schiffe,
den Antiochus zurückzutreiben, 251. Erhält den Sieg,
Ebend. Wird von dem Kallikratidas abgelöst, 252. Man
hält um seine Rückkehr zur Flotte an, 255. Wird zum
Admiral ernannt, Ebend. Segelt nach dem Hellespont, Eb.
Belagert Lampsakus, erobert es, und giebt es den Soldaten preis, 256. Sein behutsames Verhalten, Ebend.
Macht Anstalten zum Treffen, 258. Erhält einen Sieg,
259. Sein Betragen gegen den Philokles, einen der Atheniensischen Generale, Ebend. Macht Anstalt, Athen zur
See zu belagern, 260. Kömmt in dem Hafen an, 261.
Reißt die Mauern von Athen mit großen Feyerlichkeiten
und Uebermuth nieder, 262. Wirkt für seine Kreaturen,
die dreyßig Tyrannen, eine Wache aus, 258. Will, daß
man den Athenienfischen Tyrannen Beystand leisten soll,
274.

Lysiades, (vielmehr Lydiadas) Tyrann von Megalopo-
lis, legt die Oberherrschaft nieder und bittet, daß seine
Stadt in den Achäischen Bund aufgenommen werde,
II, 263.

Lysias, ein Redner von Syracus, wirbt fünf hundert
Soldaten auf seine eigne Kosten; und schickt sie den Atheniensischen Flüchtlingen zu Hülfe, I, 272.

Lysikles, einer der Athenienfischen Generale, seine
Vermessenheit in der Schlacht bey Chäronea, II, 31. Wird
wegen seines Mißverhaltens in diesem Treffen zum Tode
verurtheilt, 35.

Lysimachus, zum Statthalter von Thracien und dem
Chersones ernannt, II, 202. Läßt sich zum König ausrufen, 218. Greift Macedonien an, 248. Macht Ansprüche auf dieß Königreich; erhält den Vortheil über
Pyrrhus, seinen Mitbewerber; die Zwistigkeiten zwischen
seinen verschiedenen Gemahlinnen und ihren Kindern endigen sich mit Grausamkeiten, Eb. Die beleidigte Parthey sucht den Schutz des Seleucus, 249. Treffen, in
welchem er seines Alters ungeachtet sehr thätig ist; er
wird erschlagen, Ebend.

M.

Macedonien, wird zuerst vom Karanus, einem Nachkommen des Herkules, beherrscht, I, 8. Frühere Geschichte, 356. ff. Untergang dieses Reichs, II, 295 ff.

Macedonier, gerathen über den Anblick der Elephanten des Porus, die ihnen den Uebergang über den Hydaspes wehren sollen, in Schrecken, II, 155.

Madates, Befehlshaber in der Provinz der Uxier, II, 132. Ist seinem Herrn getreu, Ebend. Entschließt sich, sich bis aufs äußerste zu halten, Eb. Zieht sich in seine eigne Stadt zurück, und von da in die Citadelle, 133. Schickt dreyßig Abgeordnete an den Alexander, und bittet um Gnade, Ebend. Erhält sie durch Vermittelung der Sysigambis, Ebend.

Mandanis, ein Bramine, seine Zusammenkunft mit dem Onesikritus, II, 163. Spricht in einem stolzen philosophischen Ton, Ebend.

Mantinea, Schlacht daselbst, II, 349.

Mantineer, werden von den Spartanern gezwungen, ihre Mauern niederzureißen, II, 320.

Marathon, merkwürdige Schlacht daselbst, I, 90.

Mardonius, wird vom Darius, als höchster Befehlshaber aller Asiatischen Länder an der Seeküste, abgeschickt, I, 76. Erhält besonders Befehl, den Brand der Stadt Sardes zu rächen, Ebend. Rückt an der Spitze einer großen Armee in Thracien, 77. Die erschrocknen Einwohner unterwerfen sich mit blindem Gehorsam seiner Gewalt, Ebend. Segelt nach Macedonien; erleidet großen Verlust zur See und zu Lande; wird von den Thraciern bey Nacht angegriffen; wird verwundet; kehrt voller Verdruß und Schaam über sein Mißverhalten an den Persischen Hof zurück; wird des Kommandos entsetzt, Eb. Giebt dem Xerxes einen Rath, welcher wohl aufgenommen wird, 95. Bringt den Winter in Thessalien zu, 128. Führt seine Armee nach Böotien, Ebend. Schickt den Alexander, König von Macedonien, mit einem glänzenden Gefolge nach Athen, Eb. Rückt in Athen ein, 130. Verläßt Athen, und kehrt nach Böotien zurück, Ebend. Entschließt sich, die Annäherung des Feindes zu erwarten, 131. Lagert sich an dem Fluß Asopus, Ebend. Wünscht begierig, ein Treffen zu liefern, 133. Hält Kriegsrath, Eb. Wen widerräth ihm, ein Treffen zu wagen. Eb. Entschließt sich zu schlagen, 134. Macht eine Abänderung in seiner Schlachtordnung, Ebend. Glaubt, daß die Griechen fliehen, und verfolgt sie, 135. Bemüht sich seine Truppen wieder in Ordnung zu bringen; kömmt ums Leben, Ebend.

Massaga, wird vom Alexander belagert und ergiebt sich auf Discretion, II, 154.

Massageten, werden vom Alexander bezwungen, II, 148.

Mazäus, Gouverneur von Babylon, übergiebt es dem Alexander nach der Schlacht bey Arbela, II, 131. Alexander übergiebt ihm das Gouvernement der Proving Chaldäa, 132.

Medon, des Kobrus Sohn, wird unter dem Titel Archon zum Oberherrn von Athen erwählt. I, 6.

Megakles, der Athenienser, Oberhaupt der Bewohner der Seeküste, I, 50. Verjagt den Pisistratus aus der Stadt, 53. Ruft ihn zurück, und giebt ihm seine Tochter zur Gemahlinn, Ebend.

Megalopolitaner, widersetzen sich Polysperchons Verordnung, ihre Verfassung zu ändern, II, 233. Werden von ihm bedroht; machen sich zu einer lebhaften Vertheidigung geschickt; schlagen die Stürmenden ab; edles Betragen der megalop. Weiber und Jugend bey dieser Gelegenheit, Eb. Der Sturm wird erneuert und Elephanten gegen die Stadt geführt, 234. Die Wirkung davon wird durch einen Kunstgriff des Damides vereitelt, Ebend. Polysperchon verwandelt die Belagerung in eine Blokade, 235.

Megara, verwirft mit Unwillen den Lacedämonischen Befehl gegen die Atheniensischen Flüchtlinge, I, 272.

Memnon, ein Rhodier, einer von Darius Generalen, räth den übrigen, kein Treffen zu wagen, II, 72. Seine Meynung wird verworfen, Ebend. Wird vom Darius nach Griechenland geschickt, Macedonien anzugreifen, 83. Stirbt auf diesem Feldzuge, Ebend.

Memphis, der Persische Gouverneur dieser Stadt öffnet dem Alexander ihre Thore, II, 119.

Menander, athen. Feldherr, I, 217.

Menon, kommandirt den linken Flügel von Cyrus Armee, I, 279.

Meroes, ein vertrauter Freund des Porus, wird vom Alexander an ihn abgeschickt, II, 160.

Mesabates, der Eunuch, hauet, auf Artaxerxes Befehl, dem Cyrus den Kopf und die rechte Hand ab, I, 281.

Messenier, werden beschuldigt, daß sie in einem Tempel der Diana einige Spartanische Jungfrauen zu schänden gesucht, und den Teleklus, einen der Spartanischen Könige, ums Leben gebracht, I, 33. Sie leugnen es, Eb. Fragen das Orakel zu Delphi um Rath, 34. Das Orakel verlangt, daß sie eine Jungfrau von der Familie des Aepytus opfern, Ebend. Kämpfen muthig für ihre Freyheit, Eb. Sehen sich genöthigt, zu dem Anaxilas, einem ita-

lienischen Fürsten, ihre Zuflucht zu nehmen, 36. Durch
Epaminondas wieder hergestellt, 337.

Milesier, erhalten Beystand von den Atheniensern in
einem Feldzuge gegen Samos. I, 168.

Milet, wird von den Persern belagert, und eingenommen, I, 76.

Miltiades, räth den Joniern, Darius Brücke über
den Ister abzuwerfen, und dadurch den Persern den
Rückzug abzuschneiden, I, 70. Sein Rath wird verworfen, Ebend. Entschließt sich, nach Athen zurückzukehren,
82. Kömmt daselbst mit fünf Schiffen an, Ebend. Wird
zum Oberbefehlshaber der zehntausend Griechen gegen die
Perser erwählt, 86. Macht zu dem großen Treffen Anstalt, 87. Siegt, 89. Erhält von seinen Landsleuten
viele Beweise ihrer Dankbarkeit, 92. Findet sie von kurzer Dauer, Eb. Wird angeklagt, daß er sich von den
Persern bestechen lassen, 93. Wird zum Tode verurtheilt,
Eb. Seine Strafe wird in eine Geldbuße verwandelt,
die er nicht zu bezahlen im Stande ist, 94. Wird ins
Gefängniß geworfen, und stirbt darinn, Eb.

Mindarus, der Lacedämonische General, bleibt in einem Seetreffen mit den Atheniensern, I, 247.

Mitylene, vom Kallikratidas belagert, I, 252.

Mutter, merkwürdige Worte einer Spartanischen an
ihren Sohn, I, 27.

Mycenä, der Sitz der Regierung wird von Argos dahin versetzt, I, 5.

Mykale, Schlacht daselbst, I, 137.

N.

Nabarzanes, verschwört sich mit dem Bessus, sich des
Darius zu bemächtigen, und ihn in Fesseln zu legen, II,
136. Bemächtigen sich ihres Monarchen, legen ihn in
goldne Ketten, und führen ihn in einem bedeckten Wagen
mit sich nach Baktriana, 137. Finden es unmöglich, entweder sich Alexanders Freundschaft zu erwerben, oder sich
den Thron zu sichern, und geben daher ihrem königl. Gefangenen seine Freyheit wieder, Ebend. Fallen ihn wüthend an, da er sich weigert, ihnen zu folgen, lassen ihn
in dem elendesten Zustande zurück, und entwischen auf verschiedenen Wegen, 138.

Nearchus, wird vom Alexander zum General seiner
Flotte gemacht, II, 166.

Nicanor, Statthalter von Athen, bietet der Macht
des macedonischen Hofes Trotz, II, 225. Verstärkt die
Besatzung von Munychia, 226. Bemeistert sich des Pir-

us, Ebend. Commandirt die Flotte Kaſſanders, 232. Wird vom Klitus geſchlagen und muß fliehen; beſſert ſeine Flotte aus, ſticht wieder in See und erhält über den Klitus einen vollkommenen Sieg bey Bnzanz, Ebend. Uebernimmt die Statthalterſchaft wieder und wird ſehr geehrt, 235. Kaſſander ſchöpft Verdacht, daß er ſich zum Herrn von Attika machen wolle; er wird unter dem Vorwand einer Unterredung über wichtige Dinge in ein leeres Haus eingeladen, und da erſchlagen, Ebend.

Nicanor, Kaſſanders Bruder, 2t0.

Nicias, bringt vornehmlich einen Frieden zwiſchen den Athenienſern und Lacedämoniern zu Stande, 1, 194. Wird äußerſt beſchämt und beſchimpft, 199. Wird nach Sparta geſchickt, Ebend. Iſt nicht im Stande etwas auszurichten, Ebend. Wird wider Willen zu einem der Admirale erwählt, 201. Sucht ſich verdeckter Weiſe dem Alcibiades zu widerſetzen, 202. Stellt unzählige Schwierigkeiten vor, Ebend. Sieht ſich in ſeiner Hoffnung betrogen, 203. Durch eine Beſchimpfung von den Syrakuſanern aufgebracht, eilt er mit möglichſter Geſchwindigkeit nach Syrakus, 207. Seine glückliche Kriegsliſt, Ebend. Landet zu Syrakus, Ebend. Gewinnt einen Vortheil, iſt aber nicht im Stande die Stadt anzugreifen, und nimmt daher ſein Quartier zu Katana und Naxus, 208. Segelt nach Syrakus ab, um es zur See und zu Lande einzuſperren, Ebend. Macht ſich Meiſter von Epipolä, 209. Macht ſich große Hoffnung von einer glücklichen Kriegsliſt, Eb. Verwirft mit Verachtung einen Antrag des Gylippus, 211. Schickt ſich zum Treffen an, Ebend. Marſchiert gegen die Syrakuſaner, 212. Beſetzt Plemmyrium, 213. Schickt eine melancholiſche Nachricht von ſeinem Zuſtande nach Athen, Ebend. Hält um Rückberufung an, 214. Leidet einen anſehnlichen Verluſt, und will daher kein zweytes Treffen wagen, 217. Wird durch den Ungeſtüm ſeiner Gehülfen gezwungen, mit den Syrakuſanern zu ſchlagen, Ebend. Leidet einen harten Verluſt, 218. Geräth darüber in äußerſte Beſtürzung, Ebend. Mißbilligt den übereilten Entſchluß des Demoſthenes, 220. Seine Gegenvorſtellungen werden für Feigheit gehalten, Ebend. Er ſieht ſich genöthigt, der Meynung des Demoſthenes beyzutreten, 221. Verliert alle Hoffnung eines glücklichen Ausganges, 222. Macht Anſtalt, von Syrakus abzugehn, 223. Wird durch eine Mondfinſterniß zurückgehalten, Ebend. Glaubt ängſtlich den Wahrſagern, Ebend. Geräth in große Noth, 225. Rüſtet ſich zu einem Seetreffen, 226. Wird in die Flucht geſchlagen, 228. Wird

durch eine falsche Nachricht hintergangen, 229. Rüh-
rende Beschreibung seines traurigen Zustandes, 230. Hält
es fürs klügste, sich zurückzuziehen, 231. Kömmt an den
Fluß Erineus, 232. Wird von dem Feinde aufgefodert,
sich zu ergeben, Eb. Sein Vorschlag wird verworfen,
233. Er marschiert gegen den Fluß Asinarus, Ebend.
Ergiebt sich auf Diskretion, Ebend. Wird hingerichtet,
236. Sein Lob,   237.
Nysia, wird vom Alexander erobert,   II, 153.

O.

Olympias, Gemahlinn des Philipp, bringt ihn durch
ihre rachgierige und hitzige Gemüthsart so sehr auf, daß
er ihren Tod wünscht, II, 40. Wird von ihm geschieden,
Ebend. Begünstiget des Pausanias Flucht nach Ermordung des Königs, 45. Bezeugt ihren unversöhnlichen
Haß gegen den Philipp dadurch, daß sie dem Pausanias
am Galgen eine goldne Krone aufsetzen läßt, Ebend. läßt
ihn eben so ehrenvoll beerdigen, als den Philipp, 46. Soll
die Macedonier vermogt haben, dem Pausanias jährliche
Ehren zu erweisen, Ebend. Weihet den Dolch, womit
der König ermordet war, dem Apollo, Ebend. Wird aus
ihrer Verbannung in Epirus durch Polysperchon zurückberufen, 207. f. Ernennt den Eumenes zum Oberfeldherrn in Asien, 208. Cynane, die Mutter der Eurydice,
und Amyntas ihr Vater, werden auf ihren Betrieb getödtet, 238. Sie vereinigt sich mit Polysperchons Truppen
und marschirt gegen die Eurydice, 239. Die Soldaten der
Eurydice, durch ihr edles Ansehn betroffen, gehn zu ihr
über, Ebend. Eurydice und ihr Gemahl fallen in ihre
Hände; sie läßt sie ins Gefängniß bringen, Ebend. Fürchtet die Rache des Volks, und läßt sie tödten, 240. läßt
den Nikanor ermorden, Ebend. Befiehlt die Hinrichtung
von 100 edlen Macedoniern unter dem Vorwande, daß
sie es mit Kassander hielten, Ebend. Muß allein für ihre
Sicherheit sorgen, 241. Schließt sich in Pydna ein, welche
Stadt sie stark befestigt, 242. Wird von Kassander zu
Wasser und zu Lande belagert; getäuscht in der Erwartung
eines Beystandes von Acacides, König von Epirus, ihrem
Bruder; klägliche Lage der Olympias und der Besatzung,
Ebend. Sie ergiebt sich dem Kassander, 243. Bedingt
sich ihr Leben; wird der bürgerlichen Gewalt überliefert;
schlägt das Anerbieten eines Schiffs, das sie nach Athen
bringen soll, aus; besteht darauf, vor dem Macedoniern ver-
hört zu werden, und ihr Betragen zu rechtfertigen, Eb.
Ein Korps von 200 Soldaten, das Kassander abgeschickt

sie zu tödten, weigert sich es zu thun, Ebend. Die Verwandten derer, welche sie ermordet hatte, schneiden ihr den Hals ab, 244. Sie soll sich dabey sehr standhaft benommen haben; ihr Körper bleibt einige Zeit unbegraben liegen,   Ebend.

Olympische Spiele, die Belohnung der Sieger in denselben wird von dem Solon vermindert,   I, 48.

Olynthier, ihr Beystand wird von den Atheniensern gesucht, I, 363.   Schicken nach Athen um Hülfe gegen Philipp,   II, 1.

Ompbis, ein Indianischer König, geht dem Alexander entgegen, II, 154. Huldigt ihm und macht ihm Geschenke, Ebend. Wird unter dem Namen Taxiles, von dem Alexander an den Porus, nach seiner Niederlage, abgeschickt, 160. Wird von demselben als ein Verräther seines Vaterlandes abgewiesen, Ebend. Zieht sich zurück, damit ihn der Wurfspieß, der gegen ihn geschleudert war, nicht treffe,   Ebend.

Onesikritus, der Philosoph, wird vom Alexander an die Indianischen Priester abgeschickt, II, 162. Trifft einen Haufen Braminen an, Ebend. Wendet sich an den Kalanus, Eb. Seine Unterredung mit dem Mandanis, 163. Sucht beyde zu überreden, ihrem strengen Leben zu entsagen, und zum Alexander zu kommen,   Eb.

Gnomarchus, erhält einen beträchtlichen Vortheil über den Philipp, I, 368. Wird aufs Haupt geschlagen, Ebd. Kömmt auf der Flucht ums Leben; wird an einen Galgen gehangen,   Eb.

Ostracismus, dessen Einführung,   I, 67.

Oxyartes, s. Axertes.

P.

Paktolus, Agesilaus erhält bey diesem Flusse einen herrlichen Sieg über den Tissaphernes,   I, 317.

Pantites, wird bey seiner Rückkehr nach Sparta aus dem Treffen bey Thermopylä mit Schande gebrandmarkt, I, 115.

Parmenio, wird zum Gouverneur von Phönicien gemacht, II, 102. Macedon. General, II, 69. Giebt Alexandern den Rath, die Perser bey Nacht anzugreifen, 125. Seine Ursachen zu diesem Rath, Eb. Empfängt eine stolze Antwort vom König, 126. Verwundert sich, ihn im ruhigen Schlafe zu finden, eben da er ein Treffen liefern will, von dem sein ganzes Schicksal abhängt, Eb. Wird barbarischer Weise ermordet,   141. f.

Parthenis, wer so genannt worden, I, 35. Verbinden sich zu einem Aufstande mit den Heloten, Eb. Lassen sich zu Tarent in Italien nieder,   Eb.

Paryſatis, bewegt ihren älteſten Sohn Artaxerxes, ihrem jüngſten Sohn Cyrus zu verzeihen, I, 276.

Pauſanias, König von Sparta, erficht einen vollkommenen Sieg über die Perfer bey Platäa, I, 134. Kommandirt die Spartaniſche Flotte, 144. Wird von dem Reichthum, welchen er in einem Feldzuge gegen die Perfer erbeutet, verdorben, 145. Sein ungebundener Ehrgeiz, Eb. Wird durch den Abfall der Bundsgenoſſen an den Ariſtides und Cimon gedemüthigt, Eb. Entſchließt ſich, fein Vaterland feinem Ehrgeiz aufzuopfern, 146 Sucht die Gunſt des Xerxes zu gewinnen, Ebend. Wird ſeines Kommandos entſetzt, und entfernt ſich voll Begierde nach Rache, ; wird noch einmal wegen neuer Verbrechen von den Ephoren vorgefordert; kömmt wegen der Gelindigkeit der Spartaniſchen Geſetze, und wegen des Anſehens ſeiner königlichen Würde noch einmal davon, Ebend. Geht weniger zurückhaltend zu Werke, 147. Die Ephoren wollen ihn, auf Entdeckung neuer Verbrechen, in Verhaft nehmen, 148. Er nimmt ſeine Zuflucht in den Tempel der Minerva, Eb. Wird darinnen zu Tode gehungert, Eb.

Pauſanias, der Macedonier, uſurpirt den Thron, I, 357. Wird vertrieben, Ebend.

Pauſanias, ein junger Macedoniſcher Edelmann, wird von dem Attalus, der neuen Königinn Datel, beſchimpft, und denkt auf Rache, II, 43. Bittet den König, ihm Recht zu ſchaffen, Ebend. Wird zu einem der Befehlhaber ſeiner Leibwache gemacht; nicht zufrieden mit dieſem Beweiſe von dem Vertrauen des Königs, ſinnt er auf Rache, Eb. Wird durch Hermokrates, den Lehrer der Philoſophie, in ſeinem Vorhaben beſtärkt, 44. Wählt den Tag der Vermählung mit der Kleopatra zur Ausführung, Eb. Schleicht ſich durch die Volksmenge, indem der König in ſeinem Pomp einherzieht, und ſtößt ihm einen Dolch ins Herz, 45. Entflieht zu den Thoren der Stadt, um zu entwiſchen, Eb. Wird verfolgt, niedergemacht, und an einem Galgen aufgehangen, Eb.

Pedarětus, freut ſich bey einer fehlſchlagenden Abſicht, I, 28. f.

Pelopidas, befreyet Theben, I, 328. Erlegt den Spartaniſchen General in der Schlacht bey Tanagra mit eigner Hand, 325. In der Schlacht bey Tegyra ſchlägt er einen weit ſtärkeren Haufen der Feinde in die Flucht, Eb. Kommandirt ein Bataillon der Thebaniſchen Armee, 326. Be trägt ſich ſehr furchtſam, da er ſich wegen der Auflage gegen ihn vor Gericht vertheidigen ſoll, 338. Wird losgeſprochen, Eb. Unternimmt eine Gefandſchaft an den Perſiſchen

Hof, und bewegt den König, neutral zu bleiben, 339. f. Wird gegen den Polydorus und Polyphron von Pherä in Theffalien abgeschickt, 340. Zwingt den Alexander, welcher die Herrschaft an sich gerissen hatte, sich ihm zu unterwerfen, Ebend. Bemüht sich, seine viehische Gemüthsart zu verbessern; wird als Gesandter an ihn abgeschickt, Ebend. Wird in Verhaft genommen, 341. Wird durch den Epaminondas befreyet, Ebend. Entschließt sich, den Alexander für seine Treulosigkeit zu züchtigen; siegt über ihn zu Cynoscephalä; kömmt aber unglücklicher Weise ums Leben, Eb. Entscheidet den Streit über die Macedonische Thronfolge zum Vortheil des Perdikkas, und nimmt seinen Bruder Philipp als Geißel mit nach Theben, 358. Thut ihn zu dem Epaminondas,   Ebend.

Peloponnesischer Krieg,   I, 172 — 194.

Pelusium, die Aegypter in dieser Stadt erkannen Alexandern für ihren Oberherrn,   II, 118.

Perdikkas III. des Amyntas, Königs von Macedonien, Sohn, findet einen Gegner in dem Pausanias, I, 357. Wird durch den Beystand des Athenienfischen Generals Iphikrates auf dem Thron befestigt, 358. Sein Recht wird ihm aufs neue streitig gemacht, Ebend. Ueberläßt die Entscheidung dem Pelopidas, welcher zu seinem Vortheil entscheidet, Ebend. Kömmt um,   359.

Perdikkas, einer von Alexanders Officieren, erhält von seinem sterbenden Herrn Befehle und seinen Ring vom Finger, II, 174. 199. Macht sich bey Aridäus und Roxane beliebt, 201. Bewirkt die Ermordung der thätigsten Freunde des Aridäus, Eb. Bewegt ihn die Eurydice zu heurathen, Ebend. Verschwört sich mit der Roxane zur Ermordung der Statira, die vom Alexander schwanger war, und ihrer Schwester Parysatis, Hephästions Wittwe, 202. Besitzt die Oberherrschaft in Macedonien im Namen der zwey Könige; beschließt ihr durch Entfernung seiner Nebenbuhler in entlegene Provinzen Dauer zu geben, Ebend. Wird Obrister der Haustruppen, 203. Marschiert nach Aegypten gegen Ptolemäus, 204. Seine Soldaten, durch sein Betragen aufgebracht, meutern und tödten ihn,   Eb.

Periander, König von Korinth, wird unter die sieben Weisen Griechenlandes gerechnet,   I, 8.

Perikles, sein Charakter, I, 160. Sein kluges Verhalten, um sich die Liebe des Volks zu sichern, 161. Verschafft dem Cimon auswärtig viel zu thun, um ihn entfernt zu halten, Ebend. Weigert sich, in das Verlangen der Lacedämonier, die wegen der Empörung ihrer Sklaven in Verlegenheit sind, zu willigen, 162. Thut zuerst den Vorschlag seinen Nebenbuhler aus der Verbannung zurückzuberufen, 164. Sucht das Werk seines Ehrgeizes völlig zu Stande zu bringen, 165. Findet Widerstand von dem Thucydides, Cimons Schwager, 167. Ueberwindet allen Widerstand, und wird der vornehmste Volksführer zu Athen, Ebend. Beschützt die Griechischen Bundesgenossen, und erlaubt ihren Städten, sich von ihm auszubürten, was sie für gut finden, 168. Macht einen Feldzug gegen Samos seiner Geliebte zu Gefallen, Eb. Zwingt die Samier, nach einer Belagerung von neun Monaten, sich zu ergeben, 169. Kehrt stolz auf sein Glück nach Athen zurück, Ebend. Da er einen Krieg mit den Lacedämoniern unvermeidlich sieht, räth er, den Einwohnern von Korcyra Hülfe zu schicken, Ebend. Sucht seinen Landsleuten zu Fortsetzung des Krieges gegen die Lacedämonier Muth zu machen, 171. Bringt das Volk auf seine Seite, Eb. Seine Bewegungsgründe, Eb. Er überredet die Athenienser, den Feind durch Verzögerung sich selbst aufreiben zu lassen, 174. Man giebt ihm die Schuld wegen der Pest zu Athen, 178. Erhält das Kommando der Armee, kurz nachdem es ihm abgenommen war, wieder, Eb. Wird von der Pest befallen, 179. Seine letzten Worte, Eb. Sein Charakter, Eb.

Perser, schlagen die Jonier unter dem Kommando des Aristagoras mit großem Blutvergießen zurück, I, 74. Werden von den Macedoniern geschlagen, II, 77. f. 98. ff.

Perseus, ermordet unglücklicher Weise seinen Großvater Atrisius, den letzten König von Argos, und verlegt darauf das Reich von da nach Mycenä, I, 4 f.

Perseus, Philipps (III.) von Macedonien (natürlicher) Sohn, arbeitet an dem Fall seines Bruders Demetrius, II, 291. Sein Charakter, Eb. Gewinnt die Abgesandten, die sein Vater nach Rom schickt, und läßt des Flaminius Hand und Siegel nachmachen, 292. Folgt dem Vater auf dem Thron, Eb. Sein populäres Betragen, 293. Intriguen bey seinen Nachbarn, Eb. Man sieht ihn als das Bollwerk der griech. Freyheit an, Eb. Wird den Römern verdächtig, 294. Vom röm. Consul unter den Wällen von Pydna geschlagen, Eb. Flieht nach Pella, ermordet zwey Officiere, wird von seinen Begleitern verlassen, geht nach Amphipolis, von wo ihn die Einwohner vertreiben, Eb. Flieht in den Tempel des Kastor und Pollur in Samothracien, 295. Ergiebt sich dem röm. Prätor Octavius; sein niedriges Benehmen; wird im Triumph durch die Straßen Roms geführt, in einen Kerker geworfen, wo er sich zu Tode hungert, Eb.

Perſien, König von, ſchwächt den griech. Bund durch
Beſtechung, I, 317. Erhält den Vortheil über die Spar‑
taner, Eb. Wird Schiedsrichter Griechenlands, 320.
Gewinnt bey dem Friedensſchluſſe der eiferſüchtigen Staa‑
ten manche Vortheile, Eb.

Pharneas, ätoliſcher Geſandte,   II, 286.

Phalanx, macedoniſche, von Philipp errichtet, I, 360. f.

Phalantus, führt die Parthenier nach Tarent, I, 35.

Pharnabazus, erfüllt die Wünſche der Lacedämonier,
ludem er Befehl giebt, den Alcibiades umzubringen, I, 270.

Philipp, des Amyntas, Königs von Macedonien,
Sohn, wird von dem Pelopidas nach Theben gebracht,
I, 358. Hält ſich bey dem Epaminondas auf, Eb.
Schöpft großen Nutzen aus dem Unterricht ſeines Lehrers,
eines berühmten Pythagoriſchen Philoſophen, Eb. Noch
mehr aus dem Unterricht des Epaminondas, Eb. Ver‑
läßt Theben heimlich auf die Nachricht von einer Revolu‑
tion in Macedonien, 359. Findet die Macedonier in Be‑
ſtürzung über den Verluſt ihres Königs Perdikkas, Eb.
Noch mehr darüber, daß ſie eben ſo viel Feinde, als Nach‑
barn haben; regiert das Königreich eine Zeitlang als Vor‑
mund des jungen Amyntas, Eb. Beſteigt den Thron,
360. Macht es zu ſeiner erſten Sorge, die Liebe ſeines
Volks zu gewinnen, und ihm Muth einzuflößen; es
glückt ihm; Erzieht ſeine Unterthanen zu den Waffen, übt
ſie, und verbeſſert ihre Diſciplin; errichtet den berühmten
Macedoniſchen Phalanx, Eb. Vergleicht ſich zuerſt mit
ſeinen nächſten Feinden, 361. Wendet ſeine Macht gegen
die Athenienſer, Eb. Liefert ihnen ein Treffen, und ſchlägt
ſie; Gewinnt ſie durch ſeine Mäßigung, und ſchließt Frie‑
den mit ihnen; marſchiert nordwärts, Eb. Bezwingt die
Päonier, Eb. Nöthigt die Jllyrier, alle ihre Eroberun‑
gen in Macedonien wieder herauszugeben, 362. Erklärt
Amphipolis für eine freye Stadt, Ebend. Bekömmt ſie
durch Sorgloſigkeit der Athenienſer in ſeine Gewalt, Eb.
Bemächtigt ſich der Städte Pydna und Potidäa, 363. Ue‑
berliſtet die Athenienſer, Ebend. Bemächtigt ſich der Stadt
Krenides und nennt ſie Philippi, Eb. Entdeckt daſelbſt
eine ſehr reiche Goldmine, Eb. Befragt das Delphiſche
Orakel und merkt ſich deſſen Rath, 364. Sieht mit Ver‑
gnügen die Griechiſchen Staaten durch gegenſeitige Feind‑
ſchaften einander ſchwächen, 367. Erobert Methone, und
zerſtört es, Eb. Verliert, auf eine ſonderbare Art, ein
Auge, 368. Marſchiert nach Theſſalien und befreyt die
Theſſalier von ihren Tyrannen, Eb. Marſchiert gegen
Thermopylä, 369. Kehrt ſeine Waffen gegen die Olynthier,
II, I. Kömmt durch Beſtechung der Vornehmſten in die

Stadt, plündert sie, und verkauft die Einwohner, 2. Wird von den Thebanern um Hülfe angesprochen, 3. Erklärt sich für sie, Ebend. Sein listiges Verhalten bey dieser Gelegenheit, Eb. Setzt seinen Marsch nach Phocis fort, 5. Besetzt die Engen von Thermopylä, Ebend. Jagt den Phociern Schrecken ein; Erlaubt dem Phalätus sich zurückzuziehen; Uebertrágt die Entscheidung über das Schicksal der Einwohner von Phocis den Amphiktyonen, Ebend. Kehrt auf triumphirende Art in sein Reich zurück, 7. Marschiert nach Thessalien, Ebend. Befestigt die Thessalier in seinem Interesse, und gewinnt viele ihrer Nachbarn; seine vorzüglich gerechte Handlung von ihm, Ebend. Macht einen Entwurf gegen den Chersones, 8. Beschwert sich über die Athenienser in einem Briefe an sie, 9. Macht sich die Streitigkeiten im Peloponnes zu Nutze, sich in die Angelegenheiten des Griechischen Bundes zu mengen, 11. Nimmt die Argiver, Messenier und die Thebaner in Schutz, Ebend. Giebt sich alle mögliche Mühe, eine Vereinigung zwischen Athen und Sparta zu verhindern, Ebend. Sieht seine Absichten durch die Beredtsamkeit des Demosthenes vereitelt, bleibt aber nicht müßig; richtet sein Augenmerk auf die Insel Eubóa, Ebend. Schickt, auf Verlangen gewisser Einwohner, einige Truppen dahin, 12. Bemächtigt sich verschiedner fester Plätze, Eb. Schleift die Festungswerke von Porthmos, und setzt drey Könige über das Land, Ebend. Marschiert nach Thracien, um die Athenienser auszuhungern, 15. Läßt seinen Sohn Alexander mit unumschränkter Gewalt in Macedonien zurück, Ebend. Freut sich über seine glücklichen Kriegsthaten, läßt ihn aber, aus Besorgniß, er möchte unüberlegt handeln, zu sich kommen, um ihn in der Kriegskunst zu unterrichten; Eröffnet den Feldzug mit der Belagerung von Perinthus; Entschließt sich Byzanz zu belagern, Ebend. Sucht die Athenienser hinzuhalten, 16. Macht ihnen in einem Briefe Vorwürfe, Ebend. Sieht sich durch den Phocion genöthigt, seine Absicht auf Perinthus und Byzantium fahren zu lassen, 18. Wird aus dem Hellespont vertrieben, Eb. Marschiert gegen den Atheas, den König der Scythen, und schlägt ihn, Ebend. Die Triballer machen ihm den Rückzug streitig, 19. Er sieht sich zum Treffen genöthigt, Wird an der Hüfte verwundet und von seinem Sohn beschützt; fürchtet die Folgen eines offenbaren Krieges mit den Atheniensern, und thut ihnen daher Friedensanträge, ihren Unwillen zu besänftigen, Ebend. Da sie sich nicht in Traktaten mit ihm einlassen wollen, schließt er neue Bündnisse gegen sie, 20. Erregt Streit zwischen den Jo-

frenfern von Amphiſſa und ihrer Hauptſtadt, Ebend. Gebraucht den Redner Aeſchines, vor der Verſammlung der
Amphiktyonen ſeine Sache zu führen, Ebend. Erhält in
Thracien den willkommenſten Auftrag von den Amphiktyonen, 21. Erklärt ſeine Bereitwilligkeit, ihre Befehle zu
vollziehen, Ebend. Tritt unter dem Schein, daß er die
gottloſen Lokrenſer züchtigen wolle, ſeinen Marſch an, 22.
Macht eine plötzliche Wendung, und bemächtigt ſich der
Stadt Elatea, Eb. Schickt Geſandte nach Theben,
um ſich der Beredtſamkeit des Demoſthenes zu widerſetzen,
26. Schickt Geſandte an die Athenienſer, 27. Entſchließt
ſich, ein allgemeines Treffen zu liefern, 28. Führt ſeine
Armee in die Ebne von Chäronea, Eb. Beſchreibung ſeiner Macht, Eb. Seine Unterredung mit dem Diogenes,
29. Kommandirt ſelbſt den rechten Flügel, und legt ſo-
wohl von Geſchicklichkeit als Tapferkeit Proben ab, 30.
Erhält einen vollkommenen Sieg, 32. Beſchließt ſeinen
wichtigen Sieg mit einer anſcheinend gnädigen Handlung,
Ebend. Iſt vor Freuden über ſein Glück außer ſich, 33.
Gerührt durch einen Verweis des Demades, eines ſeiner
Gefangenen, giebt er ihm die Freyheit, und erzeigt ihm
viel Ehre und Freundſchaft, Ebend. Setzt alle Athenienſiſchen Gefangenen, ohne Löſegeld, auf freyen Fuß, Eb.
Wird in der Verſammlung der Griechen zu ihrem Genera-
liſſimus gegen die Perſer ernannt, 39 f. Macht Zurü-
ſtungen zu dem Perſiſchen Feldzuge, 40. Sein Glück wird
durch häusliche Zwiſtigkeiten verbittert, Ebend Wird
durch das ſchlechte Betragen ſeiner Gemahlin Olympias
gereizt, ihren Tod zu wünſchen; verliebt ſich in die Kleopatra,
Nichte des Attalus ſeines Generals; faßt den Entſchluß, ſich
von der Königinn zu ſcheiden. Eb Seine Antwort an den
Alexander, da dieſe gegen eine zweyte Vermählung Vorſtel-
lungen thut, 41. Erklärt ſeine Vermählung mit Kleopatra
förmlich, und vollzieht ſie mit den größten Feyerlichkeiten, Eb.
Wird durch das Betragen ſeines Sohns bey dieſer Gelegenheit aufgebracht, und will ihn tödten; wird daran verhindert,
weil er vom Weine berauſcht zu Boden fällt; wird in dieſem Zuſtande von ſeinem Sohn auf eine unverzeihliche Art
beſchimpft, Eb. Fragt das Orakel über ſein Vorhaben,
Aſien zu erobern, um Rath, 42. Legt das zweydeutige
Orakel zu ſeinem Vortheil aus; macht Anſtalten zu Vermählung ſeiner Tochter Kleopatra, Ebend. Verſpricht
ſich, aus vielen glücklichen Vorbedeutungen, den beſten Er-
folg ſeines Feldzuges, 43. Macht den Pauſanias zu einem
der erſten Befehlshaber ſeiner Leibwache, Ebend. Wird
von ihm ermordet, 45. Sein Charakter,   46.

Philippus Aridäus, (natürlicher) Bruder Alexanders des Großen, wird zugleich mit Alexanders Kinde von der Roxane, wenn es ein Sohn seyn sollte, zum König von Macedonien ernannt, 11, 200. Seiner Wahl widersetzt sich Perdikkas insgeheim, aber vergeblich. Ebendaselbst. Er heirathet Eurydice, 201. Fällt der Olympias in die Hände, 239. Wird ins Gefängniß gelegt, und durch einige Thracier ermordet, 240.

Philipp (III.) Sohn des Demetrius, folgt dem Antigonus II. als König von Macedonien, II, 171. Sein Charakter, Eb. Der Oberbefehl im Krieg gegen die Aetolier wird ihm übertragen, 272. Er erobert Ambracia und giebt es den Epiroten wieder, 273. Macht sich fertig den Krieg nach Aetolien zu spielen; geht im tieffsten Winter aus Macedonien nach Korinth, Ebend. Ueberfällt eine Parthey, Ebend. Erobert Psophis, plündert Elis, nimmt Tryphalia ein, und befreyt die Messenier vom ätolischen Joche; bedient sich seiner Vortheile mit Mäßigung; giebt Allen Frieden, die ihn suchen; unterstützt die Wahl des Eperatus zum Achäischen Prätor; nimmt Teichos ein, und giebt es den Achäern; fällt in Elis ein, und schenkt den Dymäern und andern benachbarten Städten seine Beute, 274. Stellt sich, als setze er auf Aratus großes Vertrauen; sein Angriff auf die Insel Cephallenia wird vereitelt; er greift Aetolien an, und verwüstet es; verheert Lakonien; denkt auf die Unterjochung des ganzen Griechenlands, und auf eine Verbindung mit Hannibal gegen die Römer; seine Abgesandten an den carthagischen Feldherrn werden aufgefangen; sie erhalten ihre Freyheit und schließen das Bündniß mit Hannibal; werden zum zweytenmal aufgefangen; er schickt andere Gesandte, die den Tractat ratificiren; macht sich anheischig, dem Hannibal mit 200 Schiffen und einer beträchtlichen Landarmee beyzustehen. 275. Er geht in das Jonische Meer, nimmt Orikum ein und belagert Apollonia; von den Römern überfallen und geschlagen zieht er sich still über die Gebirge nach Hause zurück, 276. Läßt den Aratus vergiften, 277. Wird von den Griechen als Vertheidiger ihrer Freyheit gegen Rom angesehen; führt den Krieg nach Illyrien, rettet die Akarnanier und befestigt sich in Thessalien; schlägt die Aetolier in zwey Gefechten, Eb. Treibt die Römer zurück, welche das Land verwüsten; wird durch einheimische Empörungen nach Macedonien zurückgerufen, 278. Greift die Besitzungen des Königs von Aegypten an. 279. Ernste Antwort an M. Aemilius Lepidus, den römischen Gesandten, 280. Zerstört Abydos; belagert Athen, Ebend. Sein

Hoffnung, die Stadt zu überfallen, wird durch eine römische Flotte bereitet; deswegen verwüstet er das Land aufs grausamste, 281. Wird genöthigt, beym röm. Konsul um Waffenstillstand anzusuchen, und nachher einen schimpflichen Frieden anzunehmen, 282. Wird von den Römern vermeinter Beleidigungen wegen zur Rechenschaft gezogen, 290. Wirft ihnen ihre Ungerechtigkeit vor; überfällt Maronea und tödtet die Einwohner mit dem Schwerd; muß seinen zweyten Sohn Demetrius nach Rom schicken, sich zu vertheidigen, Ebend. Argwohnt eine Verbindung zwischen seinem Sohne und den Römern; Perseus vermehrt diesen Argwohn, 291. Er schickt Abgeordnete nach Rom, die Sache auszukundschaften; wird durch ihre Niederträchtigkeit getäuscht, und läßt den Demetrius hinrichten; erkennt zu spät seinen Irrthum, und stirbt für Gram, 292.

Philokles, seine muthige Rede vor seiner Hinrichtung, I, 260.

Philomelus, der Phocier, macht vornehmlich seinen Mitbürgern Muth, die Waffen zu ergreifen, I, 364. Wird zu ihrem General ernannt, 365. Wendet sich an die Spartaner um Beystand, Eb. Wird heimlich von ihnen mit Geld unterstützt; nimmt den Tempel des Apollo zu Delphi in Besitz; schlägt die Lokrenser; Tilgt das Dekret der Amphiktyonen aus; fragt das Orakel um Rath; ist mit der Antwort der Priesterinn zufrieden, Eb. Bedient sich der Schätze des Tempels zu Bezahlung seiner Soldaten, 366. Stürzt sich von einem Felsen, um den Feinden nicht in die Hände zu fallen, Eb.

Philotas, einer von Alexanders Günstlingen, wird von einer Verschwörung gegen ihn benachrichtiget, II, 143. Versäumt es, sie seinem Herrn zu entdecken, Eb. Kömmt darüber selbst in Verdacht, und wird zum Tode verurtheilt, Eb. Wird gefoltert, 144. Bekennt sich schuldig, klagt seinen Vater an, und wird zu Tode gesteinigt, Eb.

Phrygien, Alexander kömmt in dieses Land, und zerhauet den berühmten Gordischen Knoten, II, 83.

Phrynichus, widersetzt sich der Rückkehr des Alcibiades nach Athen, I, 243. Sein verrätherisches Verfahren wird entdeckt, Eb. Wird auf dem Markt ermordet, Eb.

Phocier, werden citirt, vor dem Rath der Amphiktyonen zu erscheinen, I, 364. Werden zu einer schweren Geldbuße verurtheilt, Eb. Berufen sich auf eine Stelle im Homer, ihre Weigerung zu rechtfertigen, Eb. Machen den Philomelus zu ihrem General, 365. Gerathen über Philipps Annäherung in Schrecken, II, 5. Weichen einem Treffen mit ihm aus, 6. Unterwerfen sich ihm, Eb.

Phocion, wird von den Atheniensern dem Plutarch auf
der Insel Euböa mit Truppen zu Hülfe geschickt, II, 12.
Sein Charakter, Ebend. Findet den Plutarch verrätherischer Weise gesonnen, eben die Armee, die er verlangt
hatte, zurückzutreiben, 14. Verjagt ihn aus Eretria, Eb.
Wird zum General der Armee gegen Philipp ernannt, und
kömmt mit seinen Truppen den Byzantiern zu Hülfe, 17.
Wird mit Freuden von ihnen aufgenommen, 18. Zwingt
den Philipp, seine Absicht auf Byzanz und Perinthus fahren zu lassen, Eb. Vertreibt ihn aus dem Hellespont, Eb.
Nimmt ihm einige Schiffe weg; plündert das ganze offne
Land; wird genöthigt, sich zurückzuziehen, Eb. Räth den
Atheniensern, Philipps Friedensvorschläge anzunehmen,
19. 26. Verwirft edelmüthig alle Unterbietungen wodurch
Harpalus ihn zu bestechen sucht, 170. Anekdoten, die
sehr zu seiner Ehre gereichen, Eb. Bedient sich seines
ganzen Ansehens, die Anschläge des Harpalus zu hintertreiben, 171. 183. Sein Benehmen und seine Reden bey
dem Glück seiner Landsleute gegen Macedonien, 190. Er
wird von den Atheniensern zum Antipater gesandt, um
Friede zu suchen, 191. Verwendet sich für die Rückkehr
der athenienfischen Exilirten, und ihre Wiedereinsetzung in
ihre alten Privilegien, 196 Er wird verbannt, 226. Wirft
sich dem Alexander, Sohne des Polysperchon, in die Arme,
Eb. Wird von den Atheniensern des Hochverraths beschuldigt; gefesselt nach Athen geschickt; sein Betragen, 227. Er wird hingerichtet; sein Körper aus dem
athenienfischen Gebiet verbannt, von Konopion nicht weit
über Eleusis hinausgeschafft, von einer Megarischen Frau
verbrannt, und die Asche davon unter ihren Herd begraben, 228. Die Athenienser bereuen seinen Tod, und errichten ihm eine Statüe; sie tödten seine Ankläger; sein
Tod, 229.

Phyllidas begünstigt die Unternehmung der thebanischen
Flüchtlinge, I, 321.

Pisander, setzt in Athen eine Staatsveränderung durch,
I, 243.

Pisistratus, ist das Oberhaupt derjenigen Athenienser,
die auf den Bergen wohnen, I, 50. Sein Charakter, Eb.
Ist eben im Begriff, sich zum Herrn von Athen zu machen,
als Solons Rückkehr seine Absichten vereitelt, 51. Sein
kluges Verhalten gegen die Widersetzung des Solon, Eb.
Verwundet sich selbst, läßt sich ganz blutig auf den Markt
tragen, und wirft sich dadurch eine Wache von funfzig
Mann auf, Ebend. Vergrößert unvermerkt ihre Anzahl,
bis er endlich mächtig genug ist, sich der Citadelle zu be-

mächtigen, 52. Wird durch den Lykurgus und Megakles aus der Stadt vertrieben, bald aber wieder zurückberufen, 53. Seine gelinde, gütige Regierung, Ebend. Er errichtet zuerst eine öffentliche Bibliothek zu Athen, 54. Macht den Athenienfern die Gedichte Homers bekannt, und bringt sie in Ordnung, Ebend. Seine Gerechtigkeit; Stirbt in Frieden, Ebend.

Plätäa, Treffen dabey, I, 135-138. Wird von drey hundert Thebanern überfallen, 173. Von den Lacedämoniern belagert, 179-185. Muß sich ergeben, 186. Die Soldaten werden getödtet, ihre Weiber als Sclavinnen verkauft, die Stadt geschleift, 186. f.

Plätäenser, sprechen die Athenienser um Schutz und Bündniß an, I, 227.

Plistarch, bittet die Athenienser um Hülfe auf der Insel Euböa, II, 12. Ist verrätherischer Weise im Begriff, die nehmliche Armee, die er so dringend verlangt hatte, zurückzutreiben, 14. Wird von dem Phocion aus Eretria verjagt, Ebend.

Polychares, ein Messenier, sein Streit mit dem Euäphnus, einem Lacedämonier, I, 33.

Polydamas, ein Macedonischer Edler, wird abgeschickt, den Mord des Parmenio vollziehen zu sehen, II, 144. Geht nach Medien ab, und wohnt der Vollziehung des königlichen Befehls bey, 145.

Polydorus, von Pherä in Thessalien, wird von seinem Bruder Polyphron ermordet, I, 340.

Polykles, macedonischer Feldherr, II, 195.

Polyphron, von Pherä in Thessalien, tödtet seinen Bruder Polydorus, um allein zu regieren, I, 340. Wird von dem Alexander ums Leben gebracht, Ebend.

Polyperchon, (Polysperchon) folgt dem Antipater als Oberstatthalter von Macedonien und Protector des Königs II, 198. Sein Charakter, 207. 223. Er ruft die Olympias, Alexanders des Großen Mutter, zurück, 208. Neue Einrichtung der Staatsverwaltung Griechenlands, 224. Entsetzt die vom Antipater ernannten Statthalter, 225. Rückt mit einer mächtigen Armee nach Attica, 232. Fängt seine Operationen im Peloponnes an; handelt wie ein Tyrann, Ebend. Die Megalopolitaner widersetzen sich der Ausführung seiner Verordnung über die Aenderung der Regierungsform; er belagert ihre Stadt, wird zurückgeschlagen, 233. Erneuert den Angriff mit seinen Elephanten; sie werden durch den Kunstgriff des Damides unbrauchbar gemacht; seine Armee geräth in Unordnung, und weigert sich Sturm zu laufen, 234. Er stellt ein beträchtliches Korps zur Blockirung der Stadt auf, und geht mit dem Ueberrest nach Macedonien, 235. Seine ferneru Anschläge, 245. f.

Polystratus, findet den Darius seinem Ende nahe, und giebt ihm zu trinken, II, 138. f.

Porthmos, eine Festung auf der Insel Euböa, ihre Festungswerke werden von dem Philipp geschleift, II, 12.

Porus, ein Indianischer König, wird von dem Alexander aufgefodert, sich ihm zu unterwerfen, II, 154. Reizt den Alexander durch seine unerschrockene Antwort, Gewalt gegen ihn zu gebrauchen, Ebend. Lagert sich an dem Ufer des Hydaspes, um ihm den Uebergang zu wehren; besteigt einen Elephanten, der viel grösser war als die übrigen; ist selbst grösser als gewöhnliche Menschen, Ebend. Schickt dem Alexander, da dieser über den Hydaspes gegangen, ein Detaschement unter dem Kommando seines Sohns entgegen, welcher geschlagen wird, und ums Leben kommt, 156. Entschließt sich, Alexandern mit einer beträchtlichen Armee die Spitze zu bieten, Ebend. Seine Schlachtordnung, Ebend. Wird gänzlich geschlagen, nachdem er mit unglaublicher Tapferkeit gefochten, 158. f. Zieht sich zu allerletzt auf seinem Elephanten zurück, nachdem er in die Schulter verwundet worden, 160. Taxiles ruft ihm nach, eine Botschaft von dem Alexander anzuhören, Eb. Weiset ihn als einen Verräther seines Vaterlandes ab, und ist im Begriff, ihn mit seinem Spieß zu durchbohren, Ebend. Auf die dringenden Bitten des Meroes zu dem Sieger zu kommen, williget er endlich ein, Ebend. Ungebeugt durch sein Unglück, kömmt er mit entschlossener Miene zum Alexander, Ebend. Seine Unterredung mit ihm, 161.

Potidäa, Schlacht daselbst, I, 170. Wird belagert, Eb.

Proxenus, ladet den Xenophon nach Asien ein, I, 287.

Prytanen, Name der höchsten Obrigkeit zu Korinth, I, 8.

Ptolemäus, zum Statthalter von Aegypten ernannt, II, 202. Fängt an, einen unabhängigen Herrn zu machen, 204. Widersteht der Macht des Perdikkas und der zwey Macedonischen Könige, Ebend. Verbindet sich mit Lysimachus und Kassander, die Macht des Antigonus zu überwältigen, 213. f. Schlägt den Demetrius bey Gaza, 214. Unterstützt den Seleukus in seinen Ansprüchen auf Babylon, 215. Schlägt den Antigonus und Demetrius, 218. Nimmt den Königstitel an, 219. Segelt mit einer mächtigen Flotte gegen die Griechischen Besitzungen des Demetrius Poliorcetes, 248.

Ptolemäus Ceraunus, Bruder der Lysandra, ermordet verrätherisch den Seleukus, der an der Spitze einer beträchtlichen Armee zu ihrem Vortheil erschienen war, II, 249. Nimmt die macedon. Krone in Besitz, Ebend. Bewegt die Wittwe des Lysimachus, ihn zu heirathen, unter dem Versprechen, ihren Söhnen die Nachfolge zu sichern; tödtet die jungen Prinzen und verweiset die Mutter nach Samothracien, Ebend. Die Gallier greifen seine Besitzungen an, 250. Er will ihnen eine gewisse Summe Goldes nicht zahlen; sie schlagen ihn an der Spitze seiner zusammengerafften Truppen, schneiden ihm den Kopf ab, und tragen ihn auf einer Lanze durch ihre Glieder, Ebend.

Pylus, Belagerung desselben, I, 187. f.

Pyrrhus, König von Epirus, rückt gegen Demetrius Poliorcetes an, II, 248. Macht auf das Königreich Macedonien Anspruch; wird seiner macedon. Besitzungen durch Lysimachus beraubt, Ebend. Fällt Sicilien und Italien an, 253. f. Voll Unwillen darüber, daß ihm Antigonus den Beystand versagt, greift er Macedonien an, 254. Mit vielen Macedoniern vereinigt, schlägt er den Antigonus in einer selbst gewählten Schlacht; ein spartanischer Prinz Cleonymus wendet sich an ihn; er nimmt sich seiner an, und während daß Areus, der den spartan. Thron eingenommen, mit der Blüthe der spart. Armee sich in Kreta aufhält, verwüstet er alles bis an die Thore von Sparta, Ebend. Die Spartaner nöthigen ihn, sein Heil im Rückzuge zu suchen, 255. Areus beunruhigt ihn; sein Sohn Ptolemäus wird, da er seinen Rückzug zu decken sucht, erschlagen; er wird von einer dem Antigonus abgeneigten Parthey nach Argos eingeladen; die Argiver wünschen, daß er seinen Streit mit dem Gegner außerhalb der Stadt ausmachen möchte; er versucht des Nachts einzubringen, wird erschlagen; sein Lob; die Argiver sehen seinen Tod als Wirkung eines übernatürlichen Einflusses an, 256.

Pytbon, der Macedonische Gesandte, ein lebhafter Redner, II, 26. Wird vom Demosthenes überwunden, Ebend.

R.

Römer, fangen die von Philipp aus Macedonien an Hannibal geschickten Abgesandten auf, II, 275. Schlagen ihn bey Apollonia, 276. Erwecken ihm in Griechenland Feinde, Ebend. Schließen mit den Aetollern einen Tractat; erweitern und befestigen ihre Macht in Griechenland, Ebend. Verhindern einen Frieden zwischen Philipp und den Aetollern, 277. Schicken eine Flotte zur Unterstützung der letztern, Ebend. Landen in Griechenland und verwüsten das Land von Korinth bis Sicyon, 278. Greifen die Insel Euböa an, 279. Ziehen sich aus Griechenland zurück, zufolge des Friedens zwischen ihnen und den Aetoliern einerseits und Philipp andererseits, Ebend. Rechnen die Klagen vom Attalus, den Rhodiern, Atheniensern und Aegyptern gegen Philipp an; erklären sich zu Beschützern des jungen Königs von Aegypten, Eb. Schicken den Marcus Aemilius Lepidus als Abgesandten an Philipp, Ebend. Warnen ihn, Aegypten nicht anzugreifen, vom Krieg mit irgend einem griech. Staate abzustehn und den Streit ihrer Entscheidung zu überlassen, 280. Schicken eine Flotte unter dem Kommando des Sulpicius zum Entsatz von Athen, Ebend. Senden den Flaminius ab, den Krieg gegen Macedonien fortzusetzen, 282. Er bringt die Aetolier und Achäer von ihrer Verbindung mit Philipp ab, und zwingt ihn, den Frieden auf sehr demüthigende Bedingungen anzunehmen, Ebend. Sie schreiben dem Antiochus Gränzen vor, 284. Schlagen ihn bey Thermopylä, 285. Bezwingen die Aetolier, 286 · 288. Mischen sich in die Angelegenheiten der Achäer, 288. Schwächen die Kräfte des Bundes, 289. Suchen Gelegenheit zum Zwist mit Philipp, Ebend. Ziehen ihn zur Rechenschaft wegen angeblicher Beleidigungen, 290. Suchen die kindliche Liebe des Demetrius, seines Sohns, zu schwächen, Eb. Erkennen den Perseus als König von Maced. an, 293. Suchen Gelegenheit zum Zwist mit ihm, Eb. Er wird von ihnen bey Pydna geschlagen, 294. Ganz Macedonien bezwungen, 295. Eine neue Regierungsform daselbst eingeführt, Eb. Sie unterjochen ganz Griechenland, 296. Ihr willkührliches und ungerechtes Betragen gegen die Achäer, 297. Bringen tausend Vornehme aus Achaja nach Italien, Eb. Schaffen die Volksversammlungen in Griechenland ab, 300. Machen es zur römischen Provinz, 301. Werden von Mithradates, König von Pontus, geschlagen, und in Asien ermordet, Eb.

Roxana, Tochter des Oxyartes, Königs der Sacer, nimmt den Alexander so sehr ein, daß er sie zu seiner Gemahlinn macht, II, 151. Wird von einem Sohn entbunden, den sie Alexander nennt, 201. Läßt in Uebereinstimmung mit Perdikkas die Statira tödten, die vom Alexander schwanger war, 202. Wird von Kassander ermordet, 217.

S.

Sacer, ihr Land wird vom Alexander verwüstet, II, 151.
Salamis, wird von den Atheniensern durch Kriegslist erobert,   4, 39.

Schaar, S. heilige Schaar,

Scythen, unterwerfen sich dem Alexander,   II, 147.

Seleukus, als Befehlshaber der königl. macedonischen Reuterey angestellt, II, 202 f. Wird Statthalter von Babylon, 212. Antigonus fordert von ihm Rechnung über die Einkünfte seiner Provinz, Eb. Er weigert sich, sie abzulegen, 213. Flieht des Nachts aus Babylon nach Aegypten, Eb. Erhält vom Ptolemäus ein kleines Korps Truppen, 215. Führt sie mit vieler Gefahr nach Babylon; wird von den Einwohnern mit großer Freude aufgenommen, Ebend. Sein Charakter, Ebend. Nimmt den Königstitel an, 218. Bey den Zwistigkeiten in der Familie des Lysimachus, begiebt sich die beleidigte Parthey unter seinen Schutz, 249. Er trifft mit Lysimachus auf dem Korusfelde zusammen; sein Glück siegt; Lysimachus wird erschlagen; er überläßt die asiatischen Staaten seinem Sohne Antiochus; wird vom Ptolemäus Ceraunus, zu dessen Vortheil er an der Spitze einer Armee erschienen war, verrätherisch getödtet,   Eb.

Sicyon, wird für das älteste Königreich in Griechenland gehalten,   I, 4.

Simonides, der Dichter von Kos, besingt die Thaten seiner Landsleute, ihrer Tapferkeit würdig.   I, 59.

Sisyphus, des Aeolus Sohn, macht sich zum Herrn von Korinth,   I, 8.

Sochus, in Assyrien, Darius lagert sich daselbst, und Alexander geht ihm ohne Verzug dahin entgegen,   II, 91.

Sokrates, der berühmte Philosoph, weigert sich die siegreichen Admirale der Athenienser zum Tode zu verurtheilen. I, 253. Der einzige, der es wagt, den Theramenes, seinen Schüler, öffentlich zu vertheidigen, 272. Sein Charakter, 299. Besondere Nachricht von dem gerichtlichen Verfahren gegen ihn, 302. Seine merkwürdige Rede auf die Anklage gegen ihn, 303. Wird verurtheilt, Schierling zu trinken, 308. Hört dieß Urtheil mit gesetztem Muthe an, Eb. Sein Betragen in der Zwischenzeit bis zur Hinrichtung, 309. Crito hatte den Kerkermeister gewonnen, bietet ihm die Freyheit an, er aber verwirft sie, Eb. Sein Betragen am Todestage und Unterredung mit seinen Freunden, 311 ff. Die Athenienser bereuen seinen Tod, lassen ihm eine Statüe und Kapelle errichten, und ermorden seine Ankläger,   315 f.

Soli, Alexander bringt daselbst dem Aeskulap ein Opfer,   II, 90.

Solon, der berühmte Gesetzgeber, die Athenienser bitten ihn um Rath und Hülfe, I, 39. Nachricht von seiner

Geburt und seinem Charakter, Eb. Er bringt Salamis
durch eine Kriegslist in die Gewalt der Athenienser, Eb.
Die sieben Weisen Griechenlandes nehmen ihn unter sich auf,
40. Merkwürdige Reden von ihm, 41. Seine Zusammenkunft mit dem Lydischen König Krösus, 42. Seine politischen
Einrichtungen zu Athen, 43 ff. II, 371 f. Er verläßt die
Stadt, um die Zudringlichkeiten Einiger und die verschlag-
liche Ausgelassenheit Andrer zu vermeiden, I, 49. Reiset
nach Aegypten, Lydien und verschiednen andern Ländern,
50. Kehrt nach einer Abwesenheit von zehn Jahren nach
Athen zurück, 51. Sucht die bösen Absichten des Pisistratus zu hintertreiben, Eb. Bedient sich seines ganzen Ansehens, und seiner ganzen Beredtsamkeit, um sich einer gefährlichen Foderung desselben zu widersetzen, 52. Richtet
aber nichts aus, Eb. Wirft den Atheniensern ihre Feigheit und Verrätherey vor, Eb. Stirbt im 80sten Jahr
seines Alters, nachdem er die Freyheit seiner Vaterstadt
nur 2 Jahr überlebt hatte, 53. Sein Charakter, Eb.
    Sophokles, athen. Trauerspieldichter, I, 265 f.
    Sparta, soll von dem Lelex gestiftet seyn, I, 7. Betra-
gen der Ephoren, bey der Nachricht von dem Siege des
Epaminondas, I, 335. Außerordentlicher Muth der Bürger, sowohl Männer als Weiber, bey dieser Gelegenheit,
335 ff.
    Spartaner, ihre alte Eifersucht wird wieder rege, I,
317. Sie greifen die Eleer an, Eb. Nehmen sie in ihr
Bündniß auf, Eb. Werden von allen Seiten angegriffen,
318. Ihre Bundsgenossen werden anfänglich geschlagen,
319. Erhalten den Sieg durch ihre eigne Tapferkeit, Eb.
Erleiden einen Verlust zur See bey Gnidus, Eb. Von
der Furcht vor auswärtigen Feinden durch einen Frie-
densschluß befreyet, jagen sie den kleineren Griechischen
Staaten Schrecken ein, 320. Zwingen die Mantineer,
ihre Mauern niederzureißen, Eb Zwingen sie zum Gehorsam; nöthigen die Korinther, ihre Besatzung aus Argos
zurückzuziehen; marschieren gegen die Olynthier; unterwerfen sie sich; mengen sich in einen Streit zu Theben,
Ebend. Legen in die Citadelle eine eigne Besatzung, 321.
Lassen den Ismenias anklagen, Eb. Züchtigen die Phli-
aster, Ebend. Werden von einer unerwarteten Seite her
in Furcht gesetzt, Eb. Aufgebracht über die glücklichen
Bemühungen der Thebaner für ihre Freyheit, wollen sie
den Piräus einnehmen, 324. Machen dadurch die Athenienser zu ihren unversöhnlichen Feinden. Eb. Werden
durch die Einwohner von Zacynthus und Korcyra zurückgetrieben, da sie ihre Obrigkeit mit Gewalt wieder einzu-

setzen suchen, 327. Schwächen sich durch ihre Streitigkeiten mit den Athenienfern, 328. Schließen ein Bündniß mit den Atheniensern gegen die Thebaner. Ebend. Lassen in allen gr. Staaten, die es mit ihnen halten, Werbungen anstellen, 330. Liefern den Thebanern ein Treffen, 331. Fechten wüthend um den Leichnam ihres Generals, und tragen ihn davon, 334. Werden geschlagen, Eb. Voll Bestürzung über ihre Niederlage wenden sie sich an die Athenienfer um Hülfe, 339. Werden von den Amphiktyonen zu einer Geldbuße verurtheilt, 365. Edles Betragen spartan. Weiber, als Pyrrhus ihre Stadt belagerte, II, 255. s. auch Lacedämonier.

Spitamenes, Vertrauter des Bessus, bemächtigt sich seiner Person, und bringt ihn in dem schlimmsten Zustande zum Alexander, I, 146.

Sthenelus, König von Mycenä, wird von den Heracliden verjagt, I 5.

Susa, Alexander findet daselbst unermeßliche Schätze, II, 132

Syrakus, Beschreibung der Belagerung dieser Stadt, I, 205 ff.

Syrakusaner, beschimpfen den Nicias, I, 207. Durch falsche Gerüchte hintergangen, rücken sie in Schlachtordnung gegen ihn aus, Eb. Werden in die Stadt zurückgeschlagen, Eb. Thun Vorschläge zum Vergleich, 211. Erhalten eine erfreuliche Nachricht, Ebend. Sind erstaunt darüber, Eb. Lassen sich überreden, die stärkste Flotte, die ihnen nur möglich ist, auszurüsten, um ein Seetreffen zu wagen, 214. Erleiden einen beträchtlichen Verlust, 215. Erhalten einen Sieg über die athenienfische Flotte, 218. Greifen die Verschanzungen des Feindes an, und erhalten einen ansehnlichen Vortheil, Ebend. Treiben den Eurymedon muthig in den Meerbusen, Dasson, 224. Errichten Siegeszeichen über den Tod des Eurymedon, 225. Erhalten einen vollkommenen Sieg über die Athenienfer, 228. Werden durch eine List von ihren Feyerlichkeiten abgelockt, den Feind zu verfolgen, 229. Ziehen sich bald zurück, bald rücken sie vor, 231 f. Treiben den Demosthenes in einen engen mit einer Mauer umgebenen Ort, 232. Verwerfen einen Antrag des Nicias mit Verachtung, 233. Treiben eine Menge der Athenienfer in den Fluß Asinarus. Ebend. Ziehen triumphirend in Syrakus ein, Ebend. Folgen ihrer Siege. 234.

Sysigambis, des Darius Mutter, wird vom Alexander in dem feindlichen Lager zurückgelassen gefunden, II, 98. Erhält Botschaft von Alexander, 100. Wird von ihm in

II. Th.　　II

ihrem Zelt besucht, Ebend. Fällt vor ihm nieder; er erlaubt ihr, alle Erschlagene nach persischer Art zu begraben, Ebend.

T.

Tarsus, Alexander marschiert mit seiner ganzen Armee
gegen diese Stadt, II, 84.

Taxilles, Mithridats Feldherr, II, 304.

Taxilus, S. Omphis

Thales, seine Antwort an den Solon, als dieser ihn
fragte, warum er nicht heirathe, I, 40. Seine Meynung
über die vollkommenste Staatsverfassung, 41.

Tharsis, Javans zweyter Sohn, soll sich in Achaia
niedergelassen haben, I, 4.

Thalestris, Königinn der Amazonen, verläßt, aus Begierde Alexandern zu sehen, ihr Reich, und durchreiset
viele Länder, ihre Neugier zu befriedigen, II, 140. läßt
sich bey ihm melden, Ebend. Erhält eine günstige Antwort, Eb. Ihre Zusammenkunft mit dem Alexander, 141.

Thebaner, interessiren sich für die Perser, I, 318. Schi-
fen Gesandten nach Athen, Ebd. Müde des Spartanischen Jochs, machen sie einen verzweifelten Versuch, es
abzuwerfen, 321. Besondere Beschreibung dieses Versuchs,
321 — 324. Erlangen durch einen glücklichen Ausgang
desselben ihre Freyheit, 324. Genießen des Friedens nicht
lange, 327. Beleidigt durch die Verwendung der Plataer
nach Athen, zerstören sie Plataa; auch Thespiä, Ebend.
Werden mächtig, 328. Spielen die Hauptrolle in Griechenland, Ebend. Machen sichs zum Grundsatz, es entweder
mit den Atheniensern oder den Spartanern zu halten, Eb.
Sind in größter Bestürzung, da die Athenienser und Spartaner sich gegen sie vereinigen, 330. Erfechten einen vollkommenen Sieg über dieselben, 347. Verlieren die Früchte
desselben durch den Tod ihres Generals, 349. Erstaunen über Alexanders unvermuthete Erscheinung in Bö-
bien, II, 59. Werden nach muthigem Widerstande geschlagen, 60. Ihre Stadt wird erobert und geplündert,
Ebend. Ihr elender Zustand, worein ihre Niederlage
sie versetzt, Ebend.

Theben, verwirft mit Verachtung den ungerechten Lacedämonischen Befehl gegen die Athenienfischen Flüchtlinge,
I, 272. Macht ein Dekret zu ihrem Vortheil, Eb. Wird
durch Kassander wieder aufgebauet, II, 245.

Themistokles, sein Charakter, I, 82. Bedient sich seiner
ganzen Beredtsamkeit, die Athenienser zu überzeugen, daß
die Erhaltung der Bürger die wahre Erhaltung eines
Staats sey, 117. Wirkt ein Dekret aus, welches seine

Absicht, die Flotte zu bemannen, begünstigt, Ebend. Eine
merkwürdige Antwort von ihm, 120. Bedient sich einer
Kriegslist, die Bundsgenossen dahin zu bringen, daß sie
gemeine Sache mit ihm machen, Ebend. Wird durch den
Aristides von seiner gefährlichen Lage benachrichtigt, 121.
Er entdeckt demselben, aus edelmüthiger Dankbarkeit,
alle seine Entwürfe, 122. Wird von den Lacedämoniern
im Triumph nach Sparta gebracht, 127. Erhält bey den
olympischen Spielen die schmeichelhaftesten Ehrenbezeugun-
gen. Ebend. Segelt nach allen Inseln, welche sich zu
den Persern geschlagen hatten, um Kontribution einzutrei-
ben; fodert eine ansehnliche Summe von den Einwohnern
von Andros, Eb. Sperrt sie, auf ihre Antwort, eine
Zeitlang ein, 128. Wendet das Geld, welches er von
den Inseln beytreibt, vornehmlich zu seinem Privatgebrauch
an, Ebend. Seine Antwort an den Spartanischen Gesandten, 141. Er bringt es dahin, daß ihm eine wichtige
Unterhandlung zu Lacedämon aufgetragen wird, Ebend.
Sein listiges Verhalten, Eb. Er wird von seinen Mitbürgern bey seiner Rückkehr im Triumph empfangen, 142.
Seine Einrichtungen zur Sicherheit der Stadt, Ebend.
Macht einen Entwurf, Sparta zu stürzen, und Athen
zur Beherrscherinn von Griechenland zu machen, 143. Theilt
dem Aristides seinen Entwurf mit, welcher ihm nicht bey-
treten kann, Ebd. Macht sich den Athemensern verhaßt,
148. Wird angeklagt, daß er um die verrätherischen Ab-
sichten des Pausanias wisse, Eb. Er verantwortet sich
dagegen vergebens, 149. Nimmt seine Zuflucht auf die
Insel Korcyra, 150. Flieht von da nach Epirus, Ebend.
Darauf zum Admetus, dem König der Molosser; derselbe
verspricht ihm seinen Schutz; seine Feinde lassen ihm keine
Ruhe; seine Flucht wird durch den Admetus begünstigt,
Ebend. Er geht an Bord eines Kaufartheyschiffes, 151.
Muß sich dem Steuermann entdecken, Eb. Kömmt nach
Kunä, Ebend. Wird mit einer starken Wache nach Sardes geschickt; bittet um Erlaubniß den König zu sprechen;
fällt auf Persische Art vor dem König nieder, und hält
eine merkwürdige Anrede an ihn, Ebend. Steht am Persischen Hofe sehr in Gnaden, 152. Seine merkwürdige
Erklärung gegen seine Frau und Kinder, Ebend. Ist nicht
im Stande den Kampf zwischen seiner Dankbarkeit gegen
den König, und seiner Liebe für sein Vaterland, auszu-
halten; Nimmt Gift, Eb. Sein Charakter, 153.

Theramenes, klagt die Athenensischen Admirale, welche über den Kallikratibes bey Arginusä gesiegt hatten,
an, 1, 253. Sein Tod, 271.

Thermopylä, eine Versammlung der griechischen Staaten wird daselbst jährlich zweymal gehalten, I, 5. Beschreibung, 110. Schlacht daselbst, 113.

Theseus, König von Athen, vereinigt die zwölf Flecken des Cekrops in eine Stadt, I, 5.

Thrasybulus, der Athenienser, berathschlaget sich mit seinen Mitbürgern zu Theben über einen Versuch, den Staat wieder in Freyheit zu setzen, 273. Bemächtigt sich Phyle, eines starken Schlosses an der Gränze von Attika, Eb. Schlägt die Tyrannen mit ihrer Spartanischen Wache zurück; marschiret aus Phylä bey Nacht, und besetzt den Piräus; seine Rede an die Truppen, die nach dem Tode des Kritias vor ihm flohen, Eb. Bewirkt die Verbannung der dreyßig Tyrannen, und die Substitution der Zehnmänner, 274. Nach der Absetzung der Tyrannen schlägt er die Amnestie vor, Eb.

Thucydides, des Cimons Schwager, bekämpft den Perikles in allen seinen ehrgeizigen Anschlägen, aber vergebens, I, 167.

Tigranes, der Persische General, bleibt in der Schlacht bey Mykale, I, 137.

Timoklea, eine Thebanische Dame, ihre außerordentliche That, II, 60. Ihre Antwort an den Alexander, da sie in Ketten vor ihn gebracht wird, Ebend.

Timotheus, sein Ausspruch über den Chares, einen der atheniensischen Generale, in der Schlacht bey Chäronea, II, 36.

Tireus, seine Unterredung mit Darius, II, 121.

Tiridates Gouverneur von Persepolis, schickt an den Alexander, rufet, welche seine Annäherung beschleunigen, II, 133.

Tissaphernes, hält mit einem kleinen Theil seiner Truppen gegen die Griechen Stand, I, 279. Elinnet durch das leichtbewaffnete Fußvolk der Griechen, welches ihm beständig zusetzt, 281. Kömmt zum Lager, wo er einen Irrthum aufklärt, 282. Seine Zusammenkunft mit dem Klearchus, 286. Holt mit seiner ganzen Armee in Schlachtordnung die Griechen ein, 289. Nach verschiedenen Scharmützeln wird er genöthigt, sich zurückzuziehen, Eb. Besetzt eine Anhöhe; wird von derselben vertrieben, Eb.

Trözene, die Einwohner dieser Stadt bieten edelmüthig den Atheniensern Zuflucht an, I, 118.

Tyrus, glückliche Lage dieser Stadt, II, 106. Wird erobert, 115.

Tyrier, erhalten Friedensvorschläge vom Alexander durch seine Herolde, II, 107. Tödten dieselben und werfen sie von der Mauer in die See, Ebend. Vertheidigen sich mit größter Tapferkeit, Kunst und Beharrlichkeit, 108 f. Werden von den Macedoniern von allen Seiten zur See und zu Lande angegriffen, 110. Halten sich für verloren, 111. Werden plößlich durch einen Sturm, der den feindlichen Schiffen schadet, von ihrer Besorgniß befreyet, Ebend. Ihr Glück wird durch ein unerwartetes Unglück wieder aufgewogen, 112. Werden benachrichtiget, daß die Karthager sie nicht unterstüßen können, Eb. Fassen den Entschluß, sich bis aufs äußerste zu vertheidigen, Ebend. Schicken ihre Weiber und Kinder nach Karthago; erfinden neue Künste der Vertheidigung, und schlagen den Feind zurück, Ebend. Vertheidigen sich mit größerem Muth als je, 113. Werden endlich durch die Belagerer überwältigt, und zur Verzweiflung gebracht, 114. Werden völlig überwunden, 115.

Tyrtäus, der Kinderlehrer, wird von den Atheniensern den Lacedämoniern zum General gegeben, I, 35. Mißfällt den Spartanern, Ebend. Entflammt sie durch seine Reden und Lieder zum Lobe des Kriegsruhms, 36. Sie erlangen dadurch den Sieg, Ebend. Er erhält das Spartanische Bürgerrecht, 37.

U.

Unsterbliche Schaar,   I, 104.
Uxier, ihre Provinz steht unter dem Kommando des Madates,   II, 132.

V.

Vater, merkwürdige Rede eines Syrakusanischen, I, 234 ff.

X.

Xanthippus, klagt den Miltiades an, daß er sich von den Persern bestechen lassen,   I, 93.
Xenophon, wird von dem Proxenus nach Asien eingeladen, I, 237. Muntert die Griechischen Officiere zu einem unerschrocknen und entschlossenen Betragen auf, Ebend. Dringt auf die Ernennung neuer Generale; Man befolgt hierinn seinen Rath; seine Rede, um den Soldaten Muth zu machen, Eb. Tritt seinen Marsch mit dem Chirisophus und Timasion an, 289. Wird von einem Korps der Feinde, unter dem Kommando des Mithridates, verfolgt, Ebend. Schlägt den Mithridates mit Verlust zurück, Eb. Kömmt nach Larissa und Mespila, Eb. Vertreibt den Tissaphernes von einer Anhöhe, die er besetzt hatte, und öffnet den übrigen seiner Truppen einen Durchgang in die Ebene; findet große Schwierigkeiten, Eb. Wird durch ein wildes und kriegerisches Volk auf seinem Marsch sehr geplagt, 290.

Nach vielen Beschwerden geräth er in neue Gefahren, Eb. Nach unzähligen Schwierigkeiten führt er die Griechen unter seinem Kommando aus Persien nach Griechenland, 291 — 295

Xerxes, des Darius Sohn, erbt seines Vaters feindselige Gesinnungen gegen Griechenland, I. 95. Beruft einen Rath zusammen, Eb. Mardonius räth ihm sehr dringend, den Schimpf, welcher dem Persiischen Namen angethan worden, zu rächen, Eb. Einen ganz andern Rath giebt ihm Artabanus, den er aber sehr übel aufnimmt, 96. Seine Antwort an ihn, 97. Bereuet seine Hitze, und ist geneigt, der Meynung seines Onkels beyzutreten, Ebend. Durch die Schmeicheleyen seiner Hofleute überwältigt, verwirft er seinen Rath, giebt dem Mardonius Gehör und läßt die größten Zurüstungen zum Kriege machen, 98. Tritt in ein Bündniß mit den Karthaginensern. Eb. Geht von Susa ab, Eb. Seine übermüthigen Worte, 99. Beschreibung seines Zuges und seiner Operationen, 99 — 103. Setzt seinen Marsch ohne Aufenthalt fort, 105. Findet den ersten Widerstand bey Thermopylä, Eb. Wird von den Spartanern mit Verachtung begegnet, 111. Wird mit großem Verlust zurückgeschlagen, 112. Bemüht sich seinen Truppen durch Versprechung großer Belohnungen Muth zu machen, Eb. Wird von einem kleinen Haufen Spartaner schimpflich geschlagen, 114. Versucht sein Glück zur See, aber mit schlechtem Erfolge, 115. Setzt seinen verwüstenden Marsch fort, 116. Sieht mit Unwillen, daß seine Macht nicht im Stande ist, den Feinden Schrecken einzujagen, 119. Marschiert nach Attika, Eb. Findet Athen fast gänzlich verlassen; macht alle diejenigen nieder, welche die Citadelle vertheidigen, und legt dieselbe in die Asche; schickt einen Boten mit der Nachricht von seinen Siegen nach Susa, Eb. Marschiert gegen die See, um in Verbindung mit seiner Flotte zu agiren, 120. Erhält einen harten Stoß durch die Schlacht bey Salamis, 123. Voll Furcht wegen seiner Niederlage, wünscht er eine anständige Gelegenheit, sich zurückzuziehen, 124. Wird durch den Mardonius aus seiner Verlegenheit befreyet, Eb. Kömmt auf seinem Rückzuge in große Noth, 125.

Z.

Zacynthus, die Einwohner begeben sich unter den Schutz der Athenienser, nachdem sie ihre Obrigkeit vertrieben I. 327. Schlagen die Spartaner zurück, Eb.

Verbesserungen einiger Druckfehler.

Th. I. S. 57. Z. 14. Artapbahts. So steht auch im Original. Es muß aber Artaphernes heissen.

— S. 144. Z. 18. das l. daß.

— S. 175. Z. 27. Lecebdmonier l. Lacedämonier.

— S. 204. Z. 26. Epdaurus und Potidäa. Der Fehler ist aus dem Original geblieben. Es muß heissen Epidamnus u. P.

— S. 217. Z. 29. l. einander.

— S 353. Z. 1. Statt des Namens von Epaminon-das (wie auch im Original steht) muß Agesilaus laus gesetzt werden.

Th. II. S. 176. Z. 5. l. Antipaters.

— S. 198. Z. 26. ließ, eines Beschützers des Königs und Statthalters. —

— S. 207. Z. 5. Er rief seine Leute zurück l. er sammlete seine Leute. —

— S. 225. Z. 28. Hier und in der Folge kann, wie vorher, Polysperchon gelesen werden.

— S. 232. Z. 20. Klptus l. Klitus.

Zur Einleitung ist noch zu bemerken, daß das Gedicht des Tzetzes über die ältesten Zeiten nun ganz gedruckt ist: Joannis Tzetzae Antehomerica, Homerica et Post-homerica codd. edidit Fr. Jacobs, L. 1793. In der Vorr. ist auch von den Dichtern und Geschichtschreibern des Trojan. Kriegs gehandelt.